ANTONIO CABRERA
— & —
WILLIAM DOUGLAS

LIBER DADE, LIBER DADE!

O DIREITO DE
AGIR, PENSAR E CRER

ANTONIO CABRERA
&
WILLIAM DOUGLAS

LIBERDADE, LIBERDADE!

O DIREITO DE AGIR, PENSAR E CRER

São Paulo | 2022

LVM
EDITORA

Copyright © 2022 – Antonio Cabrera e William Douglas

Os direitos desta edição pertencem à LVM Editora, sediada na
Rua Leopoldo Couto de Magalhães Júnior, 1098, Cj. 46
04.542-001 • São Paulo, SP, Brasil
Telefax: 55 (11) 3704-3782
contato@lvmeditora.com.br

Gerente Editorial | Giovanna Zago
Editor-Chefe | Pedro Henrique Alves
Revisão ortográfica | Mariana Diniz Lion
Preparação dos originais | Pedro Henrique Alves, Giovanna Zago & Chiara di Axox
Produção editorial | Pedro Henrique Alves
Projeto gráfico | Mariangela Ghizellini
Diagramação | Sprees Diagramação
Impressão | Rettec Gráfica e Editora

Impresso no Brasil, 2022

Dados Internacionais de Catalogação na Publicação (CIP)
Angélica Ilacqua CRB-8/7057

C123L   Cabreira, Antonio
    Liberdade, liberdade! : o direito de agir, pensar e falar / Antonio Cabreira, William Douglas. - São Paulo : LVM Editora, 2022.
    224 p.

    ISBN 978-65-86029-54-3

    1. Ciências sociais 2. Política 3. Economia I. Título II. Douglas, William

22-0716   CDD-300

Índice para catálogo sistemático:
1. Ciências sociais

Reservados todos os direitos desta obra.
Proibida a reprodução integral desta edição por qualquer meio ou forma, seja eletrônica ou mecânica, fotocópia, gravação ou qualquer outro meio sem a permissão expressa do editor. A reprodução parcial é permitida, desde que citada a fonte.

Esta editora se empenhou em contatar os responsáveis pelos direitos autorais de todas as imagens e de outros materiais utilizados neste livro. Se porventura for constatada a omissão involuntária na identificação de algum deles, dispomo-nos a efetuar, futuramente, as devidas correções.

SUMÁRIO

| ANTONIO CABRERA |

O documento que mudou o mundo 11

DNA de burocracia 15

Nação e Estado 19

A ignorância do Estado 21

Mais Brasil, menos Brasília 25

Livrando a *internet* das mãos do governo 29

Sobre serviços ditos "essenciais" 31

Déficit público 33

O peso do imposto 37

Tributação e desenvolvimento	39
Tributação e emprego	41
Só o mercado prevê o futuro	43
O mercado	45
Liberdade para adorar	47
O risco do intervencionismo	49
A força e a utilidade da iniciativa privada	53
Competição	57
George Soros	59
Aquilo que se vê e aquilo que não se vê	63
Palavras	65
Carpas de Natal	67
Futurologia	71
New Deal e a depressão econômica	73
Humildade	77
Ativismo judicial	79
O dia da Terra	81

Uma solução para a pobreza entre os indígenas 85

A tirania do "politicamente correto" 87

O politicamente correto contra o McDonald's 89

A ilusão da igualdade absoluta 93

| WILLIAM DOUGLAS |

Brevíssimo resumo sobre questões raciais 99

Racismo e exageros: um urgente e
necessário freio de arrumação 101

Racismo para além do bem e do mal 111

Pequenos e grandes racismos: racismo existe
e precisa, sim, ser objeto de providências,
e não apenas por parte do Estado 113

Consciência negra e a captura
ideológica da questão racial 117

Até quando vamos tolerar a intolerância? 123

Ação contra crucifixos mostra intolerância 127

Invasão a terreiros e terrorismo 135

Abuso de poder religioso? 145

O cristão e a política 149

Terra de decepções e homicídio digital 153

Discurso de violência 157

Regras de conversa, democracia e bom senso 159

Curso rápido de conversação 161

Fantasias de carnaval: ofensa ou homenagem? 163

Democracia, intolerâncias e o direito alheio 169

O massacre de Jovino Bento e os riscos
para a democracia e a independência
do judiciário 179

Meritocracia 183

Maldades contra as meninas pretas 185

Geni salva a cidade 189

Mantenham as flores 209

O dilema da vacina privada contra a COVID-19 211

ANTONIO CABRERA

O documento que mudou o mundo

*Trabalhe duro, não trabalhe duro — todos recebem o mesmo.
Então as pessoas não querem trabalhar.*

Yan Hongchang

Em 1978, um pequeno pedaço de papel, assinado em Xiaogang, um vilarejo na longínqua China rural, teve o poder de formatar o mundo em que vivemos hoje.

Em 1949 Mao Tsé Tung tomou o poder e implantou uma brutal coletivização das terras, abolindo completamente a propriedade privada.

Essa etapa se tornaria o Grande Salto Para Frente, que acabou por gerar a escassez mais mortal de toda a história.

Em 1960 a China era um caos completo. A taxa de mortalidade pulou de 15% para 68%, e a taxa de natalidade despencou.

Quem quer que fosse pego estocando grãos, era fuzilado.

Os mortos por inanição chegaram a 50% em alguns vilarejos. Os sobreviventes vagueavam pelas estradas à procura de comida.

A China foi, de longe, o maior campo de morte do mundo.

Como não poderia deixar de ser, os agricultores de Xiaogang estavam desesperados pela completa falta de comida.

Mesmo desenterrando raízes, cozendo folhas com sal ou moendo cascas de árvores com farinha, eles não estavam conseguindo alimentos suficientes para a sua sobrevivência.

O gado estava tão fraco que não conseguia arar os campos.

Foi então que, em uma noite no final de novembro de 1978, um grupo de 18 agricultores de Xiaogang se reuniu secretamente e tomou uma decisão radical.

Comandados por Yan Hongchang, eles assinaram um contrato que devolvia as terras para cada agricultor, de forma individual.

Eles sabiam que o planejamento estatal não estava funcionando, mas o fato de dividir a terra entre si poderia levá-los à prisão e, por isso, concordaram que ninguém jamais saberia daquela história.

Caso alguém fosse preso, ficou combinado que os demais criariam os filhos dos prisioneiros.

Uma verdadeira contrarrevolução em plena ebulição revolucionária de Mao Tsé Tung.

Então, aconteceu um verdadeiro milagre: em um ano, a extensão de terra plantada praticamente dobrou e a aldeia passou a gerar excedente de arroz.

As notícias do sucesso da "agricultura individual" rapidamente se espalharam por toda a China.

Mas, em 1979, o Partido Comunista Chinês (PCC) emitiu uma nota reafirmando que o "trabalho individual nos campos" não estava permitido.

No entanto, como esta forma de produção de alimentos aumentou de maneira vertiginosa, em 1984 o governo recuou e, na 35ª Parada Nacional, cinco tratores desfilam na Praça Tiananmen com um gigantesco letreiro dizendo que o contrato de Xiaogang era bom.

Em 1986, oito anos depois de Xiaogang ter retomado o controle de sua agricultura, o governo central da China emitiu as *Diretrizes para o Trabalho Rural*. O documento foi uma decisão marcante no desenvolvimento moderno do país.

Com base na abolição das comunas populares, três anos antes, o governo endossou formalmente uma política que veio a ser conhecida como *baochan daohu* – um modelo de organização rural ao estilo Xiaogang, conhecido como "sistema de responsabilidade doméstica".

Com a reconquista do direito de trabalhar em seu próprio campo, a produção de alimentos na China aumentou de forma vigorosa. O mais interessante é que tudo aconteceu com a mesma terra, os mesmos agricultores e os mesmos bois guiando o arado, mas com uma diferença fundamental: a responsabilidade individual de cada agricultor com o seu campo.

O próprio governo reconheceu que Xiaogang "quebrou o alto sistema de produção centralizado oferecendo ao agricultor o direito a autonomia da sua produção [...]. Isto liberou e desenvolveu a produtividade das áreas rurais".

Posso dizer que há momentos na vida que tiram o fôlego. Foi o que experimentei quando cumprimentei a figura frágil de Yan Hongchang, um simples agricultor que dobrou o poderoso Partido Comunista Chinês.

Quem explica melhor o que se passou em Xiaogang é o próprio reformador Deng Xiaoping:

> O sucesso do trabalho rural de Xiaogang aumentou nossa confiança; nós aplicaremos a experiência da reforma rural nas cidades e faremos uma larga reforma no sistema econômico, com foco nas cidades.
> A contribuição do contrato de Xiaogang refletiu não apenas no nível material – muito mais do que isso, ele foi uma das mais importantes, profundas e persistentes influências para o nosso país e para a sociedade.

A onda histórica da reforma saiu do campo da economia e foi para as áreas da política, sociedade, cultura, etc., com um poder irresistível.

Com aquele acordo assinado à luz de velas no interior faminto da China, um grupo de homens sem muita instrução a transformou, propondo um documento que aliviou a fome de um quinto da população do planeta, tornando-se um dos mais importantes programas de combate à pobreza do mundo.

Xiaogang é uma impressionante testemunha de que a civilização e a propriedade privada são inseparáveis. O resultado foi um dos maiores saltos de renda da história da Humanidade.

Yan e seus amigos assinaram um documento que foi a certidão de nascimento da China moderna – é um daqueles raríssimos documentos que mudaram o mundo.

DNA de burocracia

*O poder sindical é essencialmente o poder
de privar alguém de trabalhar aos salários
que estaria disposto a aceitar.*

FRIEDRICH VON HAYEK

Alguém já disse que "a juventude é a capacidade de ter surpresas".
Não no Brasil. Aqui, somos surpreendidos a todo o momento.
Embora tenhamos hoje uma guerra mundial por empregos, no Brasil ainda é devastador o impacto dos sindicatos e das regulamentações trabalhistas na destruição dos empregos.

Embarquei no voo da Latam, de São Paulo para Tel Aviv, e fiquei surpreso em saber que toda a tripulação era inteiramente chilena. Tal fato ocorre porque os aeronautas brasileiros têm restrições sindicais quanto ao tempo de voo, que não pode exceder 14 horas de duração.

Este é um triste exemplo de como a nossa lei trabalhista e suas idiossincrasias sindicais reduzem a produtividade dos trabalhadores brasileiros, ou até mesmo destroem a abertura de novas vagas de trabalho.

Cada vez que uma comissária chilena me atendia, não podia deixar de refletir sobre como subestimamos o quão destrutivo é, para o indivíduo e sua comunidade, o fato de este não ter um emprego.

O gráfico abaixo mostra a relação entre a regulamentação do emprego, como no caso da Latam, e a economia subterrânea (ou até a falta de um emprego formal).

Moral da história: muita burocracia leva empregadores e funcionários ao mercado negro ou à falta de postos de trabalhos.

Este episódio da Latam realça a infeliz judicialização ou a nefasta intervenção sindical em nosso mercado de trabalho.

Estas regras ultrapassadas reduzem a geração de empregos em um mundo cada vez mais globalizado.

FIGURE 4.4 Economies with flexible employment regulation tend to have a smaller informal sector

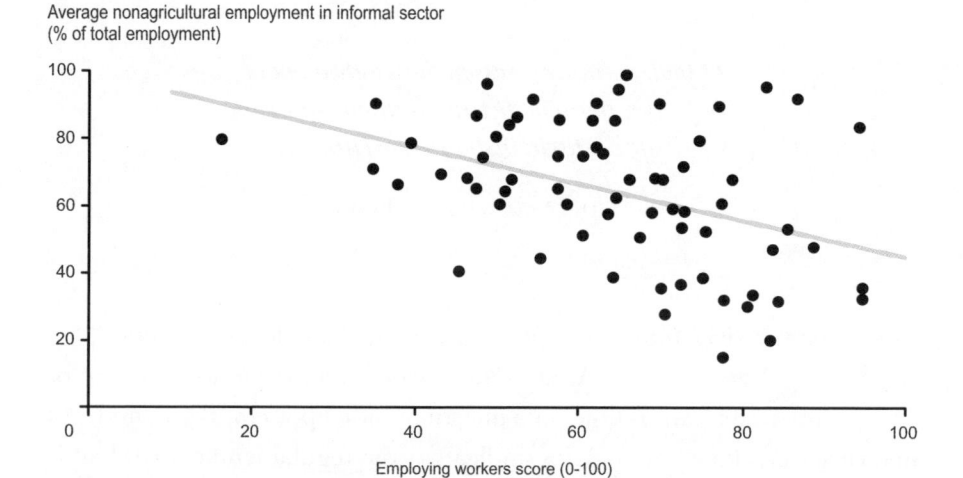

Sources: Doing Business database; World Development Indicators (http://data.worldbank.org/data-catalog/world-development-indicators), World Bank.

Note: The figure shows the employing workers indicator set score and informal employment rate (2003-18 average). The sample comprises 68 economies. The relationship is significant at the 1% level after controlling for income per capita.

Não aceitamos o óbvio: a legislação trabalhista precisa adotar o pressuposto verdadeiro de que qualquer trabalhador, seja na aviação ou em qualquer outro setor, sabe administrar sua carreira melhor do que o governo ou do que um sindicato, além de esquecer o ranço ideológico de que o capital explora o trabalhador. Pelo contrário, quanto maior a quantidade de bens de capital utilizados por um trabalhador, maior será sua produtividade.

O capital aumenta o valor da mão-de-obra ao fornecer ao trabalhador as máquinas e ferramentas de que ele necessita para produzir bens e serviços que os indivíduos valorizam.

É o caso aqui: de nada adianta a Latam possuir um novíssimo Boeing 787 se isto não puder ser colocado à disposição do trabalhador brasileiro.

Pode até ser que esteja faltando emprego na aviação brasileira, mas posso afirmar que está sobrando trabalho!

Que o diga a rota São Paulo-Tel Aviv.

Nação e Estado

Próximo ao amor dos pais por seus filhos, o instinto mais forte tanto natural como moral que existe no homem é o amor ao seu país.

EDMUND BURKE

Uma das grandes confusões atuais é a não distinção entre nação e Estado.

Há uma crescente onda de políticos "protagonistas de um mundo único" que interpretam erroneamente casos, em que as pessoas buscam manter as suas identidades, como sendo xenofobia e a incapacidade de aceitar e abraçar as diferenças de uma sociedade.

Nada mais errado.

Os sentimentos nacionalistas, sem fanatismo, são quase certamente uma das melhores barreiras à regulação centralizada.

Quando um alpinista chega ao cume de uma escalada, a primeira coisa que ele faz é fincar a bandeira de seu país.

Isto não significa que ele esteja saudando ou aprovando as ações de seu governo, mas é apenas uma maneira de mostrar o orgulho de sua nação.

No Dia da Independência nos EUA, o governador da Califórnia, Gavin Newsom deu um belo exemplo desta confusão. Ele resolveu desencorajar os shows de fogos de artifício, declarando que "estamos deixando mais claro, publicamente, que eles deveriam considerar o cancelamento de… apresentações de fogos de artifício".

Muitos californianos simplesmente soltaram mais fogos ainda.

Quando um indivíduo celebra a sua nação, isto significa que ele está promovendo uma importante ruptura na centralização do poder.

Está proclamando, a plenos pulmões, que por nascimento ou por adoção, ele celebra os valores, culturas, crenças religiosas e tradições específicas.

Esta foi a razão do descumprimento da ordem do governador.

Os californianos mostraram que ter raízes é uma das maiores necessidades da existência humana.

A ignorância do Estado

De toda ignorância, a ignorância dos educados é a mais perigosa.
As pessoas instruídas não apenas têm mais influência, como são as últimas pessoas a suspeitar que não sabem do que estão falando quando saem de seus campos estreitos.

THOMAS SOWELL

Se existe uma lembrança saborosa daqueles que passaram a infância na fazenda, era a alegria do momento em que se recebia alguma visita:

"Fulana, mata um frango…"

Não apenas saborosa, mas o frango passou a ser motivo de orgulho para todos os brasileiros.

Nos últimos 30 anos, o Brasil aumentou a produção de carne de frango em 575%.

Somos o maior exportador mundial do produto, atendendo a 160 mercados e gerando na cadeia produtiva cerca de 3,5 milhões de empregos no país.

Tudo isto *apesar* do Estado.

Sim, pois se o Estado se torna mais poderoso que a sociedade, ele se encaixa na definição do totalitarismo – e esta é a melhor forma de definirmos a nossa Justiça do Trabalho.

Demonstrando mais uma vez total desconhecimento das atividades produtivas, os órgãos trabalhistas interditaram, no início de 2020, um frigorífico no Sul do país.

Esta elite da justiça trabalhista se julga no direito de impor o que deve e não deve ser feito na sociedade, e por isso estes burocratas são fundamentalmente inconsequentes às exigências do mundo real.

O resultado é que, até na próxima segunda-feira, 650 mil aves terão de ser abatidas e não serão levadas para consumo.

Seara

Florianópolis, 29 de maio de 2020.

Ao,
Excelentíssimo Senhor Ricardo de Gouvêa,
D.D. Secretário de Estado da Agricultura, da Pesca e do Desenvolvimento Rural

URGENTE!

Ref.: Orientação quanto ao procedimento de descarte/abate sanitário de 650.000 aves decorrentes da interdição de estabelecimento

George Orwell chegou a dizer que algumas decisões são tão estúpidas que apenas um burocrata poderia acreditar nelas, já que o homem comum nunca se faz tão tolo.

Estes funcionários públicos operam sob a suposição de que o conhecimento se concentra apenas em pessoas como eles, pois agem em nome de um alegado espírito público.

O problema é que eles vivem em um mundo repleto de estabilidade de cargos e privilégios imensos, além de não prestarem contas de quaisquer erros efetuados pelas suas decisões absurdas.

Pior, eles estão isolados das consequências materiais que estão impondo a centenas de pequenos criadores.

No mundo verdadeiro, eu e você somos obrigados, fundamentalmente, a viver a realidade – uma realidade que não perdoa este tipo fantasia.

Um dos maiores direitos humanos é o direito à comida.

O alimento é hoje a mais forte moeda do século XXI. Isto descortina o futuro do Brasil, um país que alimenta cerca de 2 bilhões de pessoas ao redor do mundo.

Um futuro brilhante que poderia estar bem mais próximo, mas que teima em se distanciar pelas desastradas decisões burocráticas de nossa máquina pública.

Mais Brasil, menos Brasília

Quem quer que faça crescer duas espigas de milho ou duas folhas de capim onde antes só crescia uma merece mais da Humanidade e presta um serviço mais essencial a seu país do que qualquer outra pessoa.

JONATHAN SWIFT

Em 2020, meu filho se formou nos EUA e retornou ao Brasil. Decidimos, então, subir de carro até o Pará para uma viagem de negócios.

É algo que sempre recomendo a todo brasileiro que quer conhecer melhor o seu país.

Os nossos livros didáticos de história costumam fatiar o passado em governos, revoluções e regimes políticos. Pouco se escreve dos grandes negócios e das inovações motivadas pelo mercado que mudaram e estão mudando o Brasil mais do que qualquer personagem histórico.

Esta é uma breve reflexão de um dos dias desta viagem que se passou no interior do Pará.

Como o Brasil ainda é detentor da maior fronteira agrícola do planeta, representada por áreas de pastagens degradadas, este é um lugar onde homens e mulheres são os historiadores do futuro.

Nesta fronteira, o desejo de globalizar-se é grande, mesmo ainda com deslizes na placa "Do not disturb" [não perturbe] do quarto do hotel:

Assim que saímos do hotel, com meu filho ao volante, ele disse que não se lembrava de ter visto uma rodovia de pista simples na Califórnia.

Como nosso agro nasceu e se desenvolveu no Sul, o nosso problema logístico no Norte é gigantesco.

Se as estradas romanas geram riquezas até os dias de hoje, aqui a falta delas impõe ao Brasil o custo mais elevado do mundo para escoar a sua safra.

Fizemos um trajeto de 190 km, onde logo no início deste trecho encontramos o tombamento de uma carreta de soja e a consequente fila aguardando a liberação da estrada.

Com uma disponibilidade abençoada de água, luz e terra, o Brasil é o único país tropical do mundo que foi capaz de desenvolver uma agricultura de alta performance. O Brasil é o país que mais recebe irradiação solar em todo o mundo, e isto é uma benção para a nossa agricultura. É por isto que 90% do crescimento da produção nos últimos anos se deve à produtividade.

Resultado: a safra chega antes do armazém e o milho tem que ficar no chão aguardando espaço no silo.

Se o século americano foi caracterizado pela queda no preço das *commodities* em relação aos produtos industrializados, o século chinês sinaliza uma inversão, com produtos industrializados cada vez mais baratos e uma voracidade sem igual por alimentos.

Esta notável competição por comida criará condições econômicas mais vantajosas para os países que são produtores agrícolas, com o campo começando a se colocar no centro de um ciclo inédito de investimentos e geração de riquezas.

Se a produção aflora sem que ainda não haja rodovia adequada, brasileiros tentam, às margens destas estradas, remediar o problema em busca de alguns trocados.

Para que a nossa soja possa chegar a Xangai, pagamos em transporte cerca de US$ 190 dólares, sendo que US$ 145 dólares foi o custo apenas do frete dentro do Brasil.

Nosso concorrente argentino paga US$ 102 dólares e o americano gasta apenas US$ 71 dólares no mesmo parâmetro.

No caso de outra carreta tombada, no mesmo trecho, é o adubo que não chegará ao seu destino.

Embora a vocação mais clara do Brasil seja a de produzir alimentos, às vezes há de se perguntar se o Brasil tem realmente vocação agrícola ou se é mais a presença de agricultores persistentes.

Pouco mais adiante, uma nova carreta queimada – e ainda restos da soja esparramados pelo acostamento:

Se a agronegócio brasileiro fosse um país, ele seria a 28ª maior economia do mundo e apresentaria um dos cinco maiores crescimentos entre todas as economias do planeta.

Mas se estes gargalos de logística e infraestrutura formam uma lista enorme de obstáculos, tal país é uma benção da qual ainda não desfrutamos.

Se a soja sair do Pará, ela precisará de cerca de 32 dias para alcançar Xangai, enquanto levará 39 dias se partir da cidade de Santos, em São Paulo.

Mas bastaram mais alguns quilômetros e encontramos outro acidente.

Até parece que nesta fronteira agrícola somente os bravos plantam e só os doidos transportam.

Apesar deste breve resumo, agricultores brasileiros hoje alimentam mais de 1,5 bilhões de pessoas em todos os cantos do mundo.

Se o meu filho não se lembra de uma pista simples no país de nossos principais concorrentes agrícolas, mesmo assim o campo brasileiro tem vencido em muitas áreas esta competição com os concorrentes americanos.

Infelizmente, o que mais vejo hoje é uma incrível incompreensão e total desinformação com estes homens e mulheres que colhem uma segunda safra no mesmo ano agrícola, sem irrigação. Agregando-se o boi, chega-se a três safras por ano.

Se fosse decidido oferecer um Prêmio Nobel ao setor agrícola mundial, esta revolução na agricultura tropical brasileira seria a primeira da lista.

Chegou o momento de a agricultura ser percebida por seu real significado para o presente e o futuro de cada um dos brasileiros.

Ela é, sem dúvida, o principal pilar para o nosso crescimento econômico.

Depende de nós!

Livrando a *internet* das mãos do governo

A troca voluntária é uma condição necessária tanto para a prosperidade como para a liberdade.

MILTON FRIEDMAN

É difícil imaginar um mundo mais intolerável – e também mais irracional – do que aquele em que se permitisse aos mais eminentes especialistas de cada campo proceder sem entraves à realização dos seus ideais.

FRIEDRICH HAYEK

A perseverança do ser humano sempre aflora nos momentos de crise, através de inúmeras pessoas desconhecidas.

A maioria destas pessoas são ignoradas e, geralmente, são aquelas que militam no livre mercado.

Pense nisto.

Mais de 50% da população mundial foi forçada a ficar em suas casas, o que muda de maneira drástica como estas pessoas estão se alimentando. Mesmo com esta mudança tão rápida, o mercado continuou abastecendo a sociedade e não está faltando comida.

Imagine se o governo tivesse que fazer um planejamento central e coordenar toda esta logística de suprimento.

Seria um verdadeiro caos.

Neste sentido, quero prestar minha homenagem a Ajit Pai, um destes heróis anônimos.

Ajit é presidente da poderosa Comissão Federal de Comunicações (FCC) nos EUA, agência cujas decisões repercutem em toda a Internet.

Não preciso relembrar o quanto que a Internet está arraigada em nossas vidas, consolidando-se como uma nova espécie de riqueza das nações.

Quando o governo Obama impôs controles de preço de "neutralidade da rede" aos provedores de serviços da Internet, a proposta também previa uma forte regulamentação.

Felizmente, a neutralidade da rede foi derrubada pouco antes da pandemia de coronavírus, em 2020.

De maneira corajosa, Ajit veio a público comunicar:

O governo vai parar de gerenciar a Internet.

Vamos apenas trabalhar para que os provedores sejam transparentes sobre suas práticas, de modo que os consumidores possam comprar o plano de serviço melhor para eles.

De acordo com a Recode, as velocidades da Internet aumentaram quase 40% desde que a neutralidade da rede foi abolida. Desinibidos por regulamentações governamentais, os provedores de serviços têm liberdade para expandir suas redes de fibra óptica, permitindo maior velocidade.

Mesmo no Brasil, com uma das redes mais tributadas e regulamentadas do mundo, o serviço ainda funciona.

Agora, você já imaginou se o governo fosse o administrador da sua rede neste momento de pandemia?

Já pensou o governo liberando a rede apenas para quem ele desejasse, ou monitorando seus passos – como já tenta fazer com os celulares?

Neste momento, se lembre de Ajit, um desconhecido pela maioria, mas alguém que possibilitou que a Internet ficasse livre da mão pesada do governo e se tornasse, neste momento, uma das principais ferramentas de assistência espiritual e humanitária a nível global.

Sobre serviços ditos "essenciais"

A concorrência faz um trabalho muito mais eficaz do que o governo na proteção dos consumidores.

THOMAS SOWELL

Nos últimos 100 anos houve pouca mudança no modelo de prestação de serviços pelos governos locais. Nas outras áreas da vida, entretanto, tudo mudou de forma espantosa.

Vimos o automóvel nascer, e até viagens espaciais e a explosão da Internet são exemplos fáceis de relembrar.

Mas apesar dessas incríveis inovações, ainda patinamos no antigo e ineficiente modelo de serviço público.

A complexidade do mundo moderno tem ensinado a tragédia do planejamento econômico central pelo governo.

Muitos ainda acreditam no raciocínio de que o imposto que se paga é um preço necessário pelos serviços essenciais prestados pelo Estado.

Na realidade, esta assertiva tem servido para que o governo imponha um monopólio sobre a produção e distribuição de supostos "serviços essenciais".

Mas Sandy Springs, no estado americano da Geórgia, pode ser o início de mudança.

Ela foi a primeira cidade nos EUA a privatizar esses "serviços essenciais", exceto a segurança pública – ou seja, a polícia, os bombeiros e os tribunais.

O modelo tem sido um sucesso notável, tanto em termos financeiros quanto em qualidade dos serviços ofertados.

Ela não tem aumentado os impostos e, ao contrário, construiu um fundo de reserva de US$ 35 milhões de dólares e não tem passivos de longo prazo.

Vários serviços foram contratados junto ao mercado, como recursos humanos, finanças, contabilidade, parques e recreação, transporte (manutenção de estradas e calçadas, projeto e controle de tráfego) e outros.

Nos últimos anos, mais de US$ 140 milhões dos dólares dos contribuintes foram economizados e a prefeita foi eleita duas vezes com uma vitória esmagadora.

Embora algumas áreas ainda não tenham sidos terceirizadas na gestão atual, isso pode ser uma luz para os governos inchados e cada vez menos eficientes.

É a esperança de quebrar a dependência do Estado e sujeitar qualquer serviço público à concorrência através do setor privado.

Que o "serviço essencial" seja efetivado pelo melhor prestador, independentemente de ser público ou privado.

Déficit público

A fim de preservar nossa independência, não devemos permitir que nos sobrecarreguem com a dívida pública [...]. Temos que fazer nossa opção entre economia e liberdade ou confusão e servidão [...]. Se incorrermos em tais dívidas, teremos que ser tributados [...].

THOMAS JEFFERSON

Há uma expressão brasileira que ensina que "às vezes estamos mais preocupados em quebrar o termômetro do que em socorrer o paciente".

É comum encontrar este tipo de justificativa errônea na política. Muitos justificam os problemas do Brasil através de nosso sistema presidencialista, asseverando que a mudança para o parlamentarismo será a nossa tábua de salvação.

Mas a Itália, por exemplo, está quebrada e vive um parlamentarismo instável, cujo resultado é uma mudança de governo a cada onze meses nos últimos tempos.

Na realidade, independente do sistema político, temos uma crença universal de que o endividamento do governo aumenta a riqueza do povo, supondo que os burocratas assalariados gastam mais corretamente que os donos do próprio dinheiro.

É o que descobri aqui no reino hachemita da Jordânia.

O reino da Jordânia caminha para a mesma bússola da parlamentarista Grécia, com os seus gastos públicos crescendo muito mais rápido do que a inflação. O seu orçamento subiu de 2 bilhões de dinares em 2000 para mais de 9 bilhões de dinares em 2018.

É o mesmo sol da gastança pública que nasce no Ocidente e se põe no Oriente Médio.

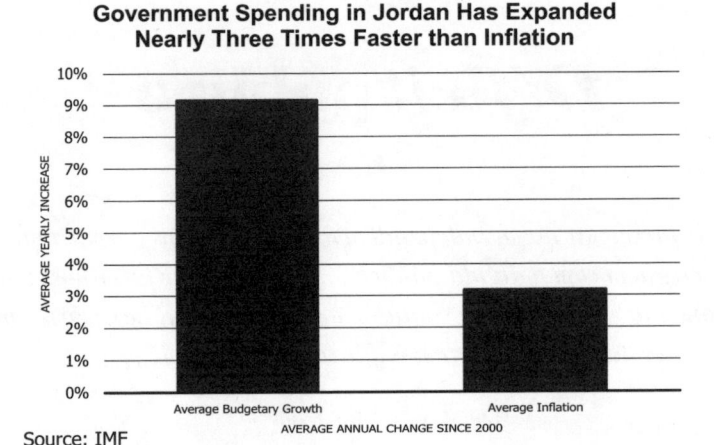

Government Spending in Jordan Has Expanded Nearly Three Times Faster than Inflation

AVERAGE ANNUAL CHANGE SINCE 2000

Source: IMF

Ou seja, tanto na Grécia como na Jordânia os cidadãos estão vivendo às custas de seus filhos.

Sim, toda criança nascida hoje herda uma parte dessa dívida.

Este *déficit* é uma tremenda injustiça intergeracional, pois se trata essencialmente de um empréstimo das gerações futuras para a geração atual.

É fácil justificar a dívida atual para pagar os projetos que acreditamos necessários, como o investimento no segmento que o burocrata considera necessário. Mas pergunto: é justo reduzir a capacidade das gerações futuras de pagar por seus próprios projetos por precisarem pagar pelos nossos desejos atuais?

O resultado é que essas gerações terão menos recursos para realizar seus projetos, como cuidar dos pobres e necessitados.

Eu e você não podemos corrigir eventuais injustiças cometidas pelos nossos antepassados, mas podemos interromper o ciclo que prejudicará nossos filhos e netos.

Temos que exigir que os políticos parem de gastar um dinheiro que eles não têm, ou pior, um dinheiro que pertence aos nossos descendentes.

O gasto governamental é surdo e mudo, não importando as intenções daqueles que formulam o orçamento público. Mas ele é realista, e será implacável com os jovens que herdarão estas dívidas.

Não se esqueça: todo *déficit* público, seja de um presidente, de um primeiro-ministro, ou de um rei, é um roubo ao futuro de nossos filhos.

O peso do imposto

*Neste mundo nada pode ser dado como certo,
à exceção da morte e dos impostos.*

BENJAMIN FRANKLIN

Santo Agostinho ensinava que "o mundo é um livro, e quem fica sentado em casa lê somente uma página".

Como a história tem lições notáveis, a sabedoria consiste em saber o que se vai fazer depois de conhecer este passado.

O governo ou o Estado sempre nasceu da conquista e da exploração. O paradigma clássico é aquele em que uma tribo conquistadora resolve fazer uma pausa em seu método de pilhagens e permite que a tribo conquistada continue vivendo e produzindo, com a condição de que os vencedores recebam um tributo anual.

No antigo Egito não foi diferente, e os faraós instalaram um nilômetro. Escavações arqueológicas indicam que os nilômetros eram poços providos de uma escada, que descia até o nível do Rio Nilo, destinados a determinar a intensidade da inundação anual e, em consequência, o valor dos impostos devidos naquele ano.

O nilômetro que visitei em Kom Ombo é um dos mais famosos, e nesta construção fica claro que o que importava para o faraó eram as marcas na parede. Quanto maior a cheia do Nilo, maiores seriam os impostos cobrados.

Como não poderia ser diferente, naquela época, como hoje, já havia privilégios. Os sacerdotes possuíam imensas áreas livres do nilômetro.

Para o faraó, como muitos hoje, o importante era tributar a produção, e não o lucro.

É o velho erro em que o Estado toma à força muito dinheiro da fatia da sociedade que produz riqueza, direcionando-o para o sustento da própria burocracia, que apenas consome a riqueza.

Como o faraó construía suas pirâmides, hoje nós erguemos nossos elefantes brancos.

Quatro mil anos depois, o keynesianismo incorre no mesmo equívoco e diz que os gastos do governo impulsionam a economia.

A lição do Egito é que a incapacidade de pagar esses altos impostos resultava no endividamento das pessoas, que se vendiam em serviço, oferecendo seu tempo e trabalho para pagar seus impostos.

A conclusão foi a queda de um dos mais gigantescos impérios da Humanidade.

Hoje, no Egito, o nilômetro não é mais usado, mas como Benjamin Franklin previu, os egípcios ainda pagam impostos durante toda a sua vida.

Se Benjamin Franklin tivesse sido um arqueólogo, ele com certeza diria que nos sítios arqueológicos muitas coisas não são encontradas, mas sempre haverá evidências da morte e dos impostos.

Tributação e desenvolvimento

O maior líder não é necessariamente aquele que faz grandes coisas.
Ele é um daqueles que permite que o povo faça grandes coisas.

RONALD REAGAN

Enquanto jantava, eu ouvia pacientemente o governador da Flórida, Ron DeSantis, iniciar uma longa lista de realizações.

Eu pensei que ia me sentir como no Brasil, onde vários políticos competem entre si para ver quem é mais generoso nas promessas feitas. Mas, ele surpreendeu quando disse: "Eu adoro os governadores dos estados mais ricos. Quanto mais eles elevam ou mantém os impostos altos, mais o meu telefone toca".

Para melhor entender esta frase, veja a tabela abaixo.

Além da Flórida ser um estado que não tem imposto de renda ou imposto predial, se um casal em Nova York juntasse US$ 5 milhões de dólares em lucros tributáveis, a simples mudança para a Flórida significaria uma economia de US$ 394.932 dólares em impostos estaduais no ano.

Não preciso dizer que muitos estão felizes em abandonar estes estados com altos impostos.

Florida Tax Savings

Individual state income taxes paid by a married couple, filing jointly, on various incomes

STATE	$5 million	$1 million	$500,000
Fla.	$0	$0	$0
N.Y.	$394,931	$65,207	$30,957
Mass.	$252,500	$50,500	$25,250
Conn.	$342,700	$63,100	$28,600

Source: BDO USA

É importante lembrar que estas pessoas não estão apenas mudando suas famílias para o Sul, mas estão levando seus negócios com eles.

O resultado é que a Flórida acaba de superar Nova York como o terceiro maior estado em população, com a quarta maior economia dos EUA.

Se a Flórida fosse um país, ocuparia o 17º lugar no PIB mundial.

Em um mundo moderno, global e aberto, os estados precisam competir pelas pessoas e pelos empreendedores. Estranhamente, isso é algo que a maioria dos economistas e políticos não conseguiu reconhecer, e nem mesmo admitir.

Chega de aceitar implicitamente o monopólio de um governo perdulário com altos impostos e uma péssima prestação de serviços.

A Flórida é um exemplo de que a concorrência força os políticos a adotar uma política fiscal mais responsável.

Os EUA são o principal destino dos brasileiros no exterior, e a Flórida é o lugar preferido. Mas, da próxima vez que você visitar a Flórida, saiba que ela pode ensinar uma grande lição ao estados brasileiros.

A melhor política é: manter os impostos baixos e deixar os empreendedores em paz.

Eles é que farão as grandes coisas do estado.

Tributação e emprego

Existem duas classes distintas de homens na nação: aqueles que pagam impostos e aqueles que recebem e vivem dos impostos.

THOMAS PAINE

A paciência pode ser, infelizmente, outro nome para a continuação da injustiça.

AMARTYA SEN

Quem busca o progresso deve se esforçar para torná-lo rotina e entender que exemplos são melhores que ideologias.

A lição do progresso da civilização significa a redução de emprego e a liberdade de produzir e manter os frutos de seu trabalho.

Quanto mais regulamentada uma nação, geralmente mais pobres e menos livres são os seus cidadãos.

Esta burocracia restringe a capacidade dos indivíduos de encontrar ou gerar empregos.

Já um sistema tributário perverso sempre levará à desonestidade ou à ineficiência.

Sem entrar na questão partidária, este foi o caminho tomados pelos EUA nos últimos anos: uma profunda reforma tributária (em alguns casos uma redução de 35% para 15% nas alíquotas) e uma vasta desregulamentação (eliminando atuais e impedindo novas: para cada nova regulamentação, duas antigas devem ser extintas).

No Dia do Trabalho de 2020, o Ministério do Trabalho (DOL) deles divulgou os seguintes números: pela primeira vez, os EUA tem um recorde de 157 milhões de americanos trabalhando no país. Estão vivendo a menor taxa de desemprego desde 1969 (3,7%). A nossa é quase quatro vezes maior.

Ontem, havia 7,3 milhões de vagas de empregos. Há um nível recorde histórico de desemprego para veteranos, negros, asiáticos, hispânicos e deficientes.

Cada vez mais economistas renomados estão defendendo a "teoria da convergência", ou seja, uma teoria na economia que sugere que, com o tempo, os países pobres devem se esforçar para alcançar as nações ricas.

Qual o caminho?

O exemplo é um idioma que todos podem compreender, e os EUA estão mostrando o caminho.

Melhor, estão apontando esta imensa avenida que ainda não foi aberta no Brasil — reforma tributária e desregulamentação!

Só o mercado prevê o futuro

A conquista capitalista não consiste tipicamente em fornecer mais meias de seda para as rainhas, mas em trazê-las ao alcance das meninas de fábrica em troca de quantidades de esforço cada vez menores.

JOSEPH SCHUMPETER

Millôr Fernandes costumava dizer, com seu habitual sarcasmo, que "o cinema tupiniquim quando dá lucro é indústria, quando dá prejuízo é arte".

Nestes tempos de pandemia, quando surgem inúmeros exercícios de futurologia sobre o mundo que nascerá após o coronavírus, percebo que estes especialistas mais falam sobre nosso tempo do que sobre o futuro.

Pensei nisto quando li que a Disney gastará US$ 64 bilhões de dólares em novas plataformas de *streaming*.

Este número é inacreditável!

É como se o valor total de uma das mais valiosas companhias brasileiras, como a Petrobrás ou a Vale, fosse gasto neste novo projeto de entretenimento.

A Warner Bros. acaba de anunciar também que seus novos filmes vão aparecer no Disney+ no mesmo dia em que chegarem aos cinemas.

Repito, não escrevi errado: a Disney vai despejar US$ 64 bilhões de dólares até 2024 (ou 16 bilhões por ano), tendo como meta o lançamento de dois novos programas ou filmes a cada semana.

Isto é o que chamamos de "mercado".

O mercado é a forma de descobrir o que as pessoas querem. São processos pelos quais aprendemos coisas que, de outra forma, não saberíamos e não poderíamos conhecer.

Nenhuma especialista, por melhor que seja, pode prever o que será este futuro. Isto por que o ato de planejar está limitado pelo conhecimento que temos hoje, e o futuro depende do conhecimento de amanhã.

Assim, o propósito do mercado atrelado à liberdade é exatamente o de descobrir, no futuro, tudo aquilo que ainda não sabemos no presente.

Algumas coisas até são previsíveis, como imaginar que o mundo depois da pandemia será do lazer de menor aglomeração, ou até que o valor para lançar um filme em *streaming* é mais barato, porque não há custos de promoção.

Enfim, um especialista até pode prever que eu daqui em diante vou assistir a mais filmes em minha residência.

O que ele nunca saberá é se eu gostei deste filme.

Isto quem vai descobrir é o mercado que, longe da interferência estatal, é como um leilão gigantesco, em que através do lucro, da perda e da liberdade de compradores e vendedores é que serão encontrados preços aceitáveis para todos.

Bem-vindo a este mundo totalmente novo, desbravado pelo mercado.

O mercado

Vá à bolsa de valores de Londres [...]. e você verá que os representantes de todas as nações se reúnem ali para tratar dos seus interesses. Ali, judeus, muçulmanos e cristãos lidam uns com os outros como se fossem todos da mesma fé [...].

VOLTAIRE

Há tempos o *Wall Street Journal* publicou um artigo sobre alunos do ensino médio em Citronelle, Alabama, usando o *Wi-Fi* em restaurantes do McDonald's porque não tinham conectividade com a Internet em casa.

Este é um belo exemplo de como o mercado beneficia pessoas.

Diretamente, quando o McDonald's fornece seus lanches, mas de forma indireta quando, motivado pelos seus próprios interesses em agradar seus clientes, o mesmo restaurante oferece uma ferramenta útil para estas famílias de baixa renda que, de forma criativa, educam melhor seus filhos.

Interessante lembrar que desde 2010 o McDonald's tornou gratuita a Internet mesmo para quem não comprava sua comida.

O gerente de uma das lojas em Pinconning, uma cidadela de 1.300 habitantes, contou que pode dizer quando os exames estão chegando pela quantidade de crianças reunidas em seu restaurante usando seus *laptops*.

Este episódio ajuda a explicar melhor o que é o "mercado", uma palavra pouco compreendida pelos brasileiros.

Imaginado por muitos como um sistema egoísta e que apenas beneficia ricos, na realidade, o mercado não exige que as pessoas sejam boas ou caridosas, mas ele entende as pessoas como elas são e as induz a fazer o bem, usando suas capacidades para fornecer o que os outros querem.

Este é dos mais belos aspectos de uma verdadeira economia de mercado: ela é capaz de domar as pessoas mais egoístas, ambiciosas e talentosas da sociedade, fazendo com que seja do interesse financeiro delas se preocuparem dia e noite com novas maneiras de agradar a terceiros.

Os empreendedores conduzem a economia de mercado, mas a livre concorrência entre eles é o que os mantêm honestos.

Na linha desta reportagem, o McDonald's possui 12.000 locais equipados com *Wi-Fi* nos EUA e a Starbucks possui outros 7.000. Juntos, apenas estas duas redes possuem mais do que as cerca de 15.000 bibliotecas públicas habilitadas para *Wi-Fi* no país que, diferente dos restaurantes, fecham à noite.

Felizmente, a maioria dos políticos não têm a menor ideia de como o mercado funciona... e é precisamente por isso que ele funciona.

Liberdade para adorar

*Por minha vida, diz o Senhor, diante de mim se dobrará todo joelho,
e toda língua dará louvores a Deus.*

ROMANOS 14:11

William Penn foi o primeiro grande herói da liberdade americana. Ele deu à Pensilvânia uma Constituição escrita que limitava os poderes do governo e garantiu muitas liberdades fundamentais, dentre as quais a tolerância religiosa.

Ficou famosa a sua declaração que influenciou a liberdade na história norte-americana: "Se não fomos governados por Deus, devemos ser governados por tiranos".

O resultado é que a Declaração da Independência e a Constituição americana foram escritas em terras da Pensilvânia.

Para tanto, as duas mais sangrentas batalhas da guerra civil também aconteceram em seus campos: Gettysburg e Antietam. Nesta última, ocorreu a propagação do famoso "In God we trust" do quarto verso do hino nacional americano.

Mas como geralmente a história é uma professora com poucos alunos, durante a pandemia de coronavírus, o governador determinou que "as pessoas não devem se reunir em edifícios ou casas religiosas para cultos até que a ordem de ficar em casa seja suspensa".

Como resultado, foi possível encontrar cultos sendo realizados em lojas da Walmart, um dos poucos lugares "essenciais" que permaneceram funcionando.

É preciso ficar claro que não existe esta coisa de não adorar.

Todos adoram. Nossa única escolha resume-se o que adorar.

Podemos escolher um Deus ou um objeto. Pode-se adorar o dinheiro, o corpo, a mente. Mas o elemento traiçoeiro destas formas de adoração é que elas são inconscientes e totalmente falíveis. Neste sentido, a adoração é a essência da vida cristã. Ela demonstra o que somos, possuímos ou fazemos.

A adoração a Deus é o propósito principal de nossa existência e isso, além de nossa vontade, também é nosso direito constitucional e humano.

O risco do
intervencionismo

A tarefa mais curiosa da economia é demonstrar aos homens quão pouco eles sabem sobre aquilo que imaginam poder planejar.

Friedrich Hayek

Em várias ocasiões a economia me lembra de um ditado rural, que ensina que se "você maltrata a agricultura, ela se vinga no próximo ano."

Só que na economia, é mediante a intervenção do governo que traz o desastre, à galope.

Em 2020, o contrato futuro para os preços do petróleo americano (WTI) caiu mais de 100%, ficando negativo pela primeira vez na história.

Por volta do meio-dia do fatídico dia, um barril de petróleo já era mais barato do que um rolo de papel higiênico.

De todas as oscilações selvagens e sem precedentes na história dos mercados, nenhuma foi mais impressionante do que este colapso de um segmento-chave da economia nos EUA.

Este movimento bizarro decorreu do fechamento da economia por conta da pandemia de coronavírus, que de maneira inédita criou choques de demanda com choques de oferta.

É claro que esta falência em território negativo não reflete a verdadeira realidade do mercado de petróleo no longo prazo, mas a situação foi tão dramática que os vendedores estavam realmente pagando aos compradores para retirar o petróleo de suas mãos.

O fechamento da economia fez a demanda desabar, os tanques de armazenamento ficaram cheios e, para piorar, ainda havia muito petróleo navegando para chegar às refinarias.

Eu tenho a certeza de que ninguém, quando foi sugerido o fechamento da economia, poderia prever um gráfico desta magnitude.

WTI's record plunge

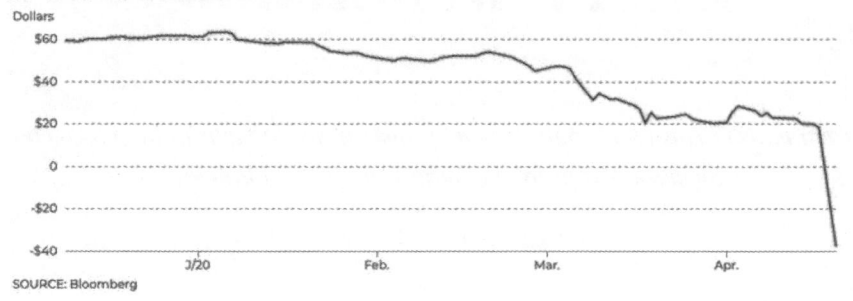

West Texas Intermediate's May futures contracts plummeted Monday to negative $38. It started the year around $60 a barrel.

SOURCE: Bloomberg

Em seguida, empresas tentavam ser livrar do petróleo, sem contudo encontrar compradores.

Resultado: empresas que nunca fecharam um poço de petróleo pansaram em fazê-lo. E o processo de desligamento pode destruir um poço definitivamente, criando sérios problemas de produção futura.

O golpe foi tão dramático que inúmeras empresas americanas de petróleo e gás devem entrar em falência.

Há muitos anos, Mises surpreendeu dizendo que o governo funciona às escuras, sem ter a mínima noção do que faz, sendo incapaz de calcular o prejuízo.

Embora trágico, ele brincava dizendo que, se uma pessoa faz um pudim acrescentando sal, você não precisa experimentar, pois sabe que ele não será doce.

Não sou contra as devidas precauções frente a uma pandemia, mas nós esquecemos desta preciosa lição e sempre estamos dispostos a intervir na economia sem levar devidamente em conta os custos desta ação.

O dia macabro no universo do petróleo foi uma maneira extremamente dolorosa de relembrar o gosto amargo do intervencionismo ao extremo.

A economia também se vinga, e "acreditar que um governo pode mudar as leis da economia é como acreditar que nós podemos mudar as leis da física".

A força e a utilidade da iniciativa privada

Nada é mais estratégico do que comida, mas isto não é razão para o Estado plantar batatas.

MARGARETH THATCHER

Poucos sabem, mas esta declaração de Thatcher foi dada no Brasil, quando um jornalista brasileiro a questionou se o petróleo não era um produto estratégico.

Na Argentina, o governo anunciou a estatização da maior exportadora de grãos do país, alegando ser "estratégico".

Já nos EUA, o mundo assistiu ao evento histórico em que pela primeira vez astronautas são enviados ao espaço por uma empresa privada.

A SpaceX tornou-se a primeira empresa privada a lançar pessoas em órbita, um feito até agora alcançado por apenas três governos – EUA, Rússia e China.

O que impressionou não foi o seu lançamento, mas a nova ordem executiva assinada pelo governo americano, considerando o setor privado estratégico e revogando uma antiga norma que não era amigável para o setor privado espacial:

A exploração bem sucedida a longo prazo e a descoberta científica da Lua, Marte e outros corpos celestes exigirão parceria com entidades privadas...

A SpaceX apenas iniciou uma nova corrida espacial internacional.
Para se ter uma ideia do que isto significa, observe os números.
Em 2010 o presidente Obama pediu para avaliar se a iniciativa de um novo projeto lunar de Bush era viável em termos de custo.
A conclusão foi de que não era, pois levaria 12 anos e custaria pelo menos US$ 36 bilhões de dólares.
A SpaceX fez em 6 anos e com um custo inferior a US$ 1 bilhão de dólares.
Entre 2009 e 2019, quando a SpaceX entrou em campo, caiu de US$ 10 mil dólares para US$ 2 mil o preço do lançamento espacial por quilo.
Mas com este último lançamento, um salto gigante foi dado, pois o foguete que os levou à orbita retornou e aterrissou a bordo de um navio para ser reutilizado.
Isso ocorreu pela primeira vez na história dos vôos espaciais tripulados.
Estima-se agora o preço do lançamento caia para cerca de US$ 500 dólares por quilo.
Cogita-se micro-naves espaciais de 10 quilos, que podem fazer coisas para as quais antes eram necessárias espaçonaves de 1.000 quilos.
Esta transformação radical no transporte espacial ocorreu graças à participação de atores privados, e levará ao desenvolvimento daquilo que poderíamos chamar da "fronteira final" do homem.
Imagine o aproveitamento de fontes de energia limpa baseadas no espaço, ou a mineração de asteroides.
Estas inovações incríveis acontecem por que a humanidade sabe aprender com os seus erros.
Se de um lado alguns países esquecem este tesouro dos erros passados, como a Argentina depositando sua confiança na presença maciça do Estado na agricultura, outros tomam caminhos diferentes.
Os EUA passam agora a liberar o espaço para a atuação da livre iniciativa.

Embora tomadas debaixo do mesmo céu, é fácil prever qual o futuro que cada uma dessas decisões adotadas por estes países desencadeará.

É só uma questão de tempo.

Competição

Não sabeis vós que os que correm no estádio, todos, na verdade, correm, mas um só leva o prêmio? Correi de tal maneira que o alcanceis.

I Coríntios 9:24

O que pode impedir que um fabricante ganancioso aumente exageradamente seus preços?

Competição.

Veja os esportes, onde a competição é cada vez mais acirrada.

Um atleta só se sobressai se estiver treinando e se esforçando continuadamente para competir com seus adversários.

De forma semelhante, a verdadeira democracia é um "sistema de competição". Os políticos estão competindo pelo seu voto.

O mesmo raciocínio vale para o mercado.

É a competição que doma a ganância e regula os preços.

Quanto mais acirrada for a competição, melhor ela atende a sua função social de melhorar a produção econômica.

É incrível como a competição excita a concorrência em termos até inacreditáveis.

Veja isto: uma grande loja de departamentos usou diariamente imagens de satélites para efetuar a contagem de carros no estacionamento do concorrente.

Cada ponto vermelho é um cliente deixando de comprar em suas lojas para comprar no concorrente.

Isto mostra que a competição naturalmente produz um processo notável de novas descobertas, impulsionando o mercado para novos caminhos.

Ah, mas competição não significa aniquilar seus concorrentes de maneira cruel? Não, significa se esforçar para fazer um serviço ou um produto melhor que o seu concorrente.

Estas imagens captam uma variedade gigantesca de dados e ativos que podem antecipar mudanças no mercado e validar riscos e oportunidades.

Imagine um investidor usando estas imagens para entender os negócios dos varejistas e fazer apostas a favor ou contra as empresas antes de seus balanços.

Portanto, não tenha medo da competição. Não aceite o argumento fácil de que isto é "capitalismo selvagem", que resulta em fechamento dos concorrentes.

Se empresários fecham suas fábricas é porque outros estão construindo novas fábricas.

Sim, somente um leva o prêmio.

E é por isto que a competição deve ser a mais ampla possível.

É através da competição que alcançamos a satisfação do consumidor.

O que ganha o prêmio é aquele que está satisfazendo os seus desejos e as suas necessidades.

George Soros

Como sou um defensor da liberdade econômica, vamos esclarecer melhor a questão Soros. Ainda mais em quarentena, quando sobra mais tempo para escrever.

Hoje, Soros não tem nada de amigável em relação ao liberalismo econômico.

Na realidade, ele financia organizações e causas estatistas para promover mais governo.

Primeiro, basta ler o que ele já escreveu.

Em seu último livro, *Open Society*, o especulador bilionário continua a argumentar contra o capitalismo.

O livro é um argumento a favor da "sociedade aberta" e contra o capitalismo. Soros entende que capitalismo significa "a busca desenfreada do interesse próprio".

Mas pior é que considera o "fundamentalismo de mercado" mais perigoso que o comunismo para a "sociedade aberta".

Ler Soros sobre economia é como assistir Pelé jogar golfe. No caso de Soros, o sucesso em jogar no mercado não se estende ao sucesso em entendê-lo.

É o típico sujeito que "cuspiu no prato em que comeu". Enriqueceu no capitalismo e hoje tenta destruí-lo.

Pior: não entendeu nada do que o seu ídolo, Karl Popper, pregava. Ele faz exatamente o contrário.

Popper fundou a Sociedade Mont Pèlerin, uma entidade da qual faço parte e cujo objetivo é defender a liberdade de expressão, políticas de livre mercado e os valores políticos de uma sociedade aberta.

Popper em *A Sociedade Democrática e seus Inimigos*, diz claramente:

A sociedade não deve continuar dando aos burocratas o poder de distribuir a riqueza.

Já Soros escreveu um ensaio intitulado "A Ameaça Capitalista" (*The Atlantic Monthly*), cuja substância essencial é a alegação de que a principal ameaça contemporânea a uma sociedade livre é o capitalismo.

O contrário do que Popper afirmou, Soros escreve:

A riqueza se acumula nas mãos de seus proprietários e, se não houver mecanismo de redistribuição, as iniquidades podem se tornar intoleráveis.

Pelo Centro Mackenzie de Liberdade Econômica participamos de vários encontros globais na defesa da liberdade econômica.

Na maioria dos eventos, nossos adversários e *think tanks* são financiadas pelas entidades de Soros, sendo a Open Society Foundations, com escritórios em 70 países, um dos maiores – se não o maior – financiador mundial destas causas.

Acompanhamos *in loco* a reforma tributária nos EUA em 2017.

Já Soros e suas entidades financiaram de maneira agressiva, inclusive com anúncios em jornais, a campanha chamada "Not One Penny", contra os cortes de impostos da proposta, que acabou sendo aprovada.

Ou seja, é um forte defensor de um Estado maior e de mais impostos – alguns, inclusive, globais.

Eu acrescentaria o financiamento a Jean Wyllys e ao Leonardo Sakamoto. Ele e o seu *Repórter Brasil* receberam R$ 1 milhão de reais de Soros, cujo objetivo principal foi denegrir, na maioria das vezes de maneira mentirosa, o agronegócio brasileiro, através de elocubrações sobre trabalho escravo.

Enfim, não há nada de liberdade econômica em Soros.

Não estou abordando a questão dos valores, na qual Soros tem uma posição extremamente progressista.

Basta ler no *site* da Open Democracy, que em plena crise do coronavírus, publicou um artigo intutulado: "A crise do coronavírus mostra que é hora de abolir a família".

Eu não tenho nada contra o fato de que Soros ache que o governo tem que ser maior, e não há nada que o impeça de pagar mais impostos.

O que eu não concordo é que ele quer nos forçar a pagar mais impostos.

Aquilo que se vê e aquilo que não se vê

Bastiat foi um dos mais brilhantes contadores de histórias econômicas.
De forma didática, ele explicava que uma lei ou ação gera uma causa que se vê e outras que não são visíveis.

O mau economista se detém apenas no que se vê, mas o bom avalia o que se vê tanto quanto aqueles que se devem prever.

Veja, por exemplo, as medidas tramitando no Congresso em tempos de pandemia: confisco do lucro de grandes empresas, suspensão da inclusão do nome de devedores na listagem do Serasa, congelamento de juros do cartão ou suspensão do pagamento de aluguéis.

Pode até parecer que em um primeiro momento o efeito seria bom, mas estas medidas no longo prazo podem destruir os fundamentos de uma economia saudável.

Agora, veja este relatório da ONU sobre o impacto da pandemia sobre as crianças:

> Centenas de milhares de mortes infantis adicionais podem ocorrer em 2020. […] essa é provavelmente uma estimativa baixa, porque conta apenas o impacto direto de uma recessão mundial, não são as paralisações por impacto no acesso aos cuidados de saúde, vacinas, pré-natal, alimentação e nutrição ou cuidados de saúde mental.

O relatório ainda diz que:

As crianças não são o rosto dessa pandemia. Mas eles correm o risco de estar entre suas maiores vítimas.

Todas as crianças estão sendo afetadas, principalmente pelos impactos socioeconômicos e, em alguns casos, por medidas de mitigação que podem inadvertidamente fazer mais mal do que bem.

É uma crise universal e, para algumas crianças, o impacto será ao longo da vida.

Por isto, é falsa esta afirmação da escolha entre vidas e dinheiro.

O que temos é uma troca de vidas perdidas devido ao coronavírus e vidas que serão perdidas pelas políticas adotadas atualmente.

O que se vê agora é que muitas vidas estão sendo salvas, tornando estas medidas mais palatáveis, enquanto as vidas perdidas devido ao custo das políticas atuais virão apenas adiante. Muitos ainda não estão enxergando e é improvável que alguém seja responsabilizado por isto.

Portanto, quando alguém insistir que a questão é "vidas *versus* dinheiro", isto não é uma prova de que as políticas atuais são corretas, mas apenas um truque retórico para fugir de um debate democrático – questões essenciais não estão sendo levadas em conta.

Não custa relembrar Bastiat, pois *"frequentemente, quanto mais doce for o primeiro fruto de uma lei, tanto mais amargos serão os outros"*.

Palavras

Das palavras, as mais simples. Das mais simples, as mais curtas.

WINSTON CHURCHILL

O mundo sem palavras seria o caos, pois as palavras são recipientes para ideias e moldam a maneira como pensamos.

Quem não entende a importância das palavras acaba sendo enganado por aqueles que são mestres no uso de eufemismos, e usam palavras suaves para vender uma inverdade.

Portanto a linguagem, quando usada de forma maliciosa, pode corromper o pensamento. E com o controle da linguagem, você controla o argumento.

É o caso do artigo "Privilégios", de Marcos Lisboa, presidente do Insper e publicado na *Folha de São Paulo*.

O descalabro agora é que aumentar impostos é "reduzir benefícios tributários".

Sim, o artigo tenta mascarar um aumento de impostos sobre a agricultura paulista como uma retirada de privilégios do campo.

Nada mais falso.

Em primeiro lugar, o agro de SP não possui nenhum privilégio em relação aos seus concorrentes internacionais.

A aplicação de taxas reduzidas na tributação do campo é uma regra aplicada universalmente, mesmo em países de renda elevada. Já no Brasil, ao contrário, temos uma das agriculturas mais tributadas em todo o mundo.

Mais ainda, não temos o "privilégio" de sermos subsidiados como são os produtores destes países ricos. A agricultura é o maior item do orçamento central da União Europeia, representando mais de 40% das suas despesas e se tornando um dos maiores programas de subsídios do mundo.

Aqui, quando se tributa até um insumo para o plantio, você está pagando impostos sobre a intenção de produzir!

Por fim, para o articulista, a reforma que o Brasil tanto precisa não virá da redução da máquina pública (esta sim um ninho de privilégios incontáveis), mas do aumento de impostos travestidos no linguajar escorregadio da retirada de benefícios.

É preciso denunciar este tipo de ativismo.

Um país perde o rumo quando as palavras da sua língua perdem o sentido. As ditaduras comunistas eram "Repúblicas Populares"...

Aumento de impostos é aumento de impostos.

E pior, neste caso, não é sobre os produtores rurais, é imposto sobre a comida.

Isto, é obvio, não afeta os "privilegiados", mas principalmente os mais pobres.

Carpas de Natal

*Dispõe-te, resplandece, porque vem a tua luz,
e a glória do SENHOR nasce sobre ti.*

ISAIAS 60:1

Nenhuma história foi recontada com mais frequência ou mais valorizada do que a história do Natal.

Portanto, não quero ser repetitivo dentre as tantas mensagens que você já recebeu.

Permita-me apenas contar uma história da Polônia, onde a história do Natal começa 2 ou 3 dias antes do dia 24, com a compra de uma carpa viva.

O peixe fica na água da banheira da casa até 24 de dezembro, quando é transformada em um banquete de 12 pratos conhecidos como Wigilia (um prato para cada um dos 12 apóstolos).

O fato do jantar do Natal chegar vivo na cozinha de partes da Europa Oriental foi uma tradição mantida pela falta da refrigeração nos tempos antigos.

Ter gelo era um privilégio dos ultrarricos.

Na noite de Natal, certamente a sua ceia consiste em algum animal que foi mantido no congelador.

Isto foi graças a homens e mulheres que, no passado, usaram sua criatividade e talento em novas invenções – como a refrigeração.

Tente imaginar uma pandemia há 30 anos. Ter comida em casa, realizar o trabalho de forma virtual ou ter uma vacina em um tempo tão curto seria praticamente impossível sem as tecnologias trazidas pelo mercado.

Assim, o fato de podermos ter em 2020, apesar da Covid-19, um Natal mais rico do que o de nossos antepassados, é fruto de trabalho árduo e de engenhosidade de milhares de empresários e trabalhadores em todos os cantos do planeta.

Uma criança nascida hoje, véspera de Natal, tem mais chance de chegar à aposentadoria que seus antepassados tinham de chegar ao quinto aniversário.

Portanto, quero relembrar duas coisas.

Primeiro, prestar homenagem à figura tão maltratada do empreendedor, mas que é a peça-chave nestes avanços na qualidade de vida.

Segundo, e mais importante: Natal é muito mais do que o nascimento de uma criança – até mesmo o nascimento do Salvador.

É sobre a Encarnação.

É o próprio Deus, Criador do Céu e da Terra, invadindo o planeta, fazendo-se carne e habitando entre nós.

Esta é uma notícia de abalar toda a Terra e dá a mim e a você o verdadeiro motivo para comemorar o Natal.

Se você está desconfortável no meio desta pandemia, lembre-se que na véspera do Natal de 1941, no meio da catástrofe humana mais sangrenta da história, Winston Churchill entregou a seguinte mensagem, compartilhada até pela Casa Branca:

> Esta é uma estranha véspera de Natal.
> Quase todo o mundo está travando uma luta mortal e, com as mais terríveis armas que a ciência pode inventar, as nações avançam umas sobre as outras.
> Aqui, no meio da guerra, furioso e rugindo por todas as terras e mares, rastejando mais perto de nossos corações e casas, aqui, em meio a todo o tumulto, temos esta noite a paz do espírito em cada casa de chalé e em cada coração generoso.

Que nós, adultos, compartilhemos ao máximo seus prazeres irrestritos antes de voltarmos para a dura tarefa e os anos formidáveis que estão diante de nós, resolvidos que, por nosso sacrifício e ousadia, esses mesmos filhos não serão roubados de sua herança ou negado o seu direito de viver em um mundo livre e decente.
E assim, pela misericórdia de Deus, um feliz Natal a todos.

Sim, precisamos de sacrifício, ousadia e da misericórdia de Deus, tanto no Natal quanto ao longo do ano.

Futurologia

Todas as célebres conquistas tecnológicas do progresso, incluindo a conquista do espaço exterior, não redimem a nossa pobreza moral.

ALEXANDER SOLZHENITSYN

O dia 8 de maio é celebrado como o Dia da Vitória na Europa, pois foi nesta data que o Oberkommando der Wehrmacht assinou a Lei da Rendição Militar em Karlshorst Berlim.

Durante a Segunda Guerra a Inglaterra deu ao mundo um dos maiores personagens do século XX: Winston Churchill.

Durante a pandemia, a mesma Inglaterra teve Neil Ferguson, do Imperial College, tornando-se uma referência mundial para modelagem de epidemias, inclusive no Brasil, com seus números assustadores.

Em 2002, Ferguson calculou que a doença da vaca louca mataria cerca de 50.000 britânicos e outros 150.000 quando chegasse às ovelhas.

Na verdade, houve apenas 177 mortes.

É claro que a pandemia não pode ser comparada com a Segunda Guerra, pois estes foram os seis anos mais violentos e mortais da história. Mas os resultados do desastre provocado por funcionários super zelosos como Ferguson ainda serão conhecidos.

Aliás, já começam a ser descortinados.

Num mesmo 8 de maio, li o relatório do Banco da Inglaterra que "adverte sobre a pior crise econômica desde 1706".

Terminei a leitura entendendo que não é a nossa ignorância que pode nos matar, mas a nossa arrogância.

O que é pobreza?

A melhor definição é que pobre é aquela pessoa incapaz de sustentar sua própria vida. Ou seja, são aqueles que tem pouco ou nenhum colchão de riqueza para uma emergência.

É a completa falta de poupança que deixa as pessoas totalmente dependentes de uma renda nova a cada dia para sobreviver.

Assim, não há nada de moral nas modelagens de Ferguson, que acabaram impondo a tantos vulneráveis no mundo, de forma inédita, o fim de sua renda de subsistência.

A ironia é que o próprio Ferguson, nesta quarentena imposta pelas suas projeções, arrumava tempo para viajar e se encontrar com a sua amante casada, numa clara violação das suas regras acatadas por vários governos ao redor do mundo.

O resultado é que estamos vivendo sob a ilusão de que o Estado e seus burocratas são uma espécie de ator divino, posicionado acima dos seres humanos, que pode decidir por mim e por você quando e como interagir com os outros em nossa sociedade.

É como se eu e você fôssemos simplesmente uns irresponsáveis e inconsequentes.

Neste ponto, não custa lembrar: a capacidade de distinguir entre o bem e o mal é vital para a sobrevivência de qualquer sociedade civil.

Assim, onde está a liberdade para permitir que cada brasileiro faça o seu próprio cálculo de risco sobre o coronavírus?

New Deal e a depressão econômica

*Estamos gastando mais do que nunca e não funcionou [...]. Mas nós não cumprimos nossas promessas e, depois de oito anos desta administração, temos tanto desemprego como quando começamos [...].
E uma enorme dívida para rolar!*

Henry Morganthau, *secretário do tesouro de Franklin Roosevelt, seis anos depois da implantação do festejado New Deal.*

O falseamento da história tem sido outra característica dos tempos atuais.

Uma sociedade honesta precisa entender como era o mundo, e não tentar reescrever a história como alguns gostariam que ela tivesse ocorrido.

Neste ponto, uma figura feminina gigante é Amity Shlaes.

Ela não é daqueles intelectuais ocos que propagam a "história sem fatos", mas Amity teve a coragem de mostrar com irrefutáveis provas que a Depressão de 29 não foi causada pelo livre mercado.

Pelo contrário, foi o aumento do gasto público que postergou a recuperação da economia.

A Crise de 29 tinha tudo para ser mais um ciclo econômico, porém a brisa se transformou em um furacão por conta das intervenções públicas.

Havia uma retórica populista de Roosevelt, e seus constantes ataques aos negócios privados geraram um clima de insegurança.

Roosevelt tinha que seguir seu guru Keynes, além de ter uma admiração no planejamento central e no que ele pensava serem os grandes sucessos econômicos da URSS.

Seu livro *The Forgotten Man*, *best-seller* de vendas, é de um rigor acadêmico digno de um Nobel.

O próprio nome do programa é inspirado no livro *A New Deal* do esquerdista Stuart Case, que também se tornou um colaborador próximo do governo.

Os três membros-fundadores e mais influentes do New Deal: Adolf Berle, Raymond Moley e Rexford Tugwell, grupo de intelectuais que desenharam o New Deal, eram simpatizantes do comunismo e da URSS.

A atuação de Roosevelt na Crise de 29 levou à criação de grandes empresas estatais.

Quando Roosevelt lançou o New Deal, o tamanho do governo, os gastos públicos e a dívida não estavam nem perto dos elevados níveis de hoje.

A primeira grande trapalhada foi a tarifa Smoot-Hawley, que elevou as tarifas de importação a níveis sem precedentes, o que praticamente fechou as fronteiras dos EUA para os produtos estrangeiros.

Aqui se tem o início da real depressão.

Quando o comércio internacional foi interrompido, a agricultura americana desmoronou.

O presidente, então, conseguiu que o Congresso aprovasse o NIRA (National Industry Recovey Act), estabelecendo controle de preços, salários, horas e condições de trabalho.

Os custos da indústria americana explodiram e com a intervenção no mercado de trabalho através do Wagner Act, o desemprego aumentou para o patamar mais alto da crise.

Roosevelt então aumenta os impostos e promove mais intervenções na economia, com uma derrocada generalizada.

Talvez justificando o lema de "One Nation under God" [Uma nação sob Deus], como uma providência divina, em 1936 a Suprema Corte declara ilegais as intervenções de Roosevelt.

Resultado: sem a mão pesada governo, o desemprego cai e a força de trabalho começa a se recuperar.

Portanto, se o seu professor ensinou que o New Deal amenizou a Crise de 29, saiba que foi exatamente o contrário: foi a retirada do governo que proporcionou à economia americana o ressurgimento das cinzas.

Se história não tem lados, Amity não é daqueles militantes que tentam derrubar a verdade tomando um lado pessoal.

Ao contrário, com farta comprovação material, ela conduz o leitor a aprender com os fatos históricos.

Humildade

As pessoas aprendem umas com as outras...

Provérbios 27:17

Há uma velha lição de que o conhecimento está disperso por toda a sociedade.
É praticamente impossível empacotar o conhecimento e transmiti-lo para um governo central ou para uma autoridade única, como um presidente ou um ministro.
Uma lição de humildade neste sentido foi o governo da cidade de Nashville e a sua atuação nas enchentes da cidade.
Ao contrário de muitos urbanistas ou governos que se julgam donos da verdade, o poder público de Nashville, ao invés de esboçar grandes planos mestres contra as inundações, aceitou um papel modesto e dividiu as decisões com as pessoas que foram diretamente afetadas pelas águas.
Literalmente, o governo compartilhou sua ação com aquelas pessoas que "tinham a pele em jogo" na tragédia.
No Brasil temos até um ditado que afirma que "quem casa quer casa".

Ora, ninguém melhor do que o proprietário da casa afetada para saber onde "o calo aperta".

Um dos resultados deste compartilhamento de conhecimento é que muitas vezes é melhor subsidiar ou auxiliar as pessoas a sair de áreas propensas a inundações do que indenizá-las para reconstruir nessas áreas.

O programa voluntário usa fundos públicos para buscar soluções com o setor privado.

Se a solução é a mudança, é oferecido um valor de mercado para o imóvel e, se os proprietários aceitam a oferta, eles se mudam, a cidade derruba a casa e proíbe novas construções.

A terra adquirida se torna um amortecedor/absorvente para novas chuvas e acaba virando parque público.

Resumindo, a intervenção governamental é questão de dosagem, ou é remédio ou é veneno.

Ao governo não compete ser um visionário, tentando ditar o futuro, mas apenas ser competente em aprender a trabalhar com a sociedade civil.

Ativismo judicial

O juiz não deve favorecer ninguém. Se ele declarar inocente um homem que é culpado, será amaldiçoado e odiado por todos.

Provérbios 24:23-24

Em uma de suas cartas, Thomas Jefferson já advertia:

> Você parece... considerar os juízes como os principais árbitros de todas as questões constitucionais; uma doutrina muito perigosa, e uma que nos colocaria sob o despotismo de uma oligarquia.

Como passamos ao largo desta advertência, o resultado é que o século XXI é o século do Poder Judiciário no Brasil.

Estamos tendo uma judicialização da política, dos valores e do setor produtivo.

No entanto, não se governa um país com o Judiciário. É preciso ficar claro que os juízes não são representantes do povo, mas representantes da lei criada em nome e em benefício do povo.

Com tudo isto, o STF hoje é uma entidade de poder supremo, de atuação paraestatal.

Nesta toada, tal judicialização e ativismo judicial estão formando uma combinação explosiva.

Deste modo, foi uma agradável surpresa conhecer David Maraga, presidente da Suprema Corte do Quênia.

O ministro Maraga não se intimida em dizer que é "uma pessoa temente a Deus que acredita e se esforça para fazer justiça a todos, independentemente de seu *status* na sociedade".

Sua fala é simples e compreensível para todos. Algo como "o juiz deve expressar a intenção da lei, e não a sua vontade". Decisões morais devem ser do povo e do Poder Legislativo.

Quando um magistrado ignora a vontade e a decisão dos legisladores, o que estão promovendo é uma criminalização da política e relativização o voto popular.

A liberdade do intérprete não é absoluta. Juízes não são livres para atribuir qualquer significado que desejem às leis.

Quanto mais se distanciam dos textos legais, mais abusos podem cometer.

Pode ter certeza disto: um ministro do STF impacta você, seus negócios e a sua família de maneira assombrosa.

Com as últimas decisões da Corte Máxima, fica claro que estamos precisando de juízes altamente qualificados, e não de legisladores à surdina.

É hora de um STF sem partido.

Precisamos de uma Suprema Corte originalista, leal às leis e à Constituição, e não a elucubrações ideológicas ou partidárias de seus dignitários.

O Brasil é um país justo?

Quem melhor pode responder é o Ministro Maraga:

"É fazendo justiça que nos tornamos justos".

O dia da Terra

No princípio, criou Deus os céus e a terra.

Gênese 1:1

"Oh, meu Deus... que maravilha!"
Há mais de cinco décadas o astronauta William Anders proclamou as palavras acima a bordo da Apollo 8, a primeira missão a voar ao redor da Lua.

Quando ele olhou para a Terra a partir de 250 mil milhas de distância, ele a fotografou atingindo o pico no horizonte da Lua.

A foto, depois chamada de Earthrise, foi publicada pela revista *Life* e se tornou a foto ambiental mais influente já feita.

Dois anos depois, em 1970, a foto estimulou a criação do Dia da Terra, comemorado no dia 22 de abril.

Para comemorar o 50º aniversário do Dia da Terra, a NASA fez um vídeo sobre como o crescimento contínuo de sua frota de satélites que observam a Terra aumentou nossa visão do clima, atmosfera, terra, regiões polares e oceanos do planeta.

O resultado é um panorama deslumbrante da ciência ambiental moderna.

Aprecie como a tecnologia nas décadas subsequentes aumentou o conhecimento ambiental e a conscientização sobre padrões climáticos, níveis de ozônio, imagens Landsat e muito mais.

O que precisamos relembrar é que à medida em que as sociedades se tornam mais ricas, as pessoas podem deixar de se preocupar com comida e saneamento e começar a se preocupar com o meio ambiente.

A liberdade econômica é que faz florescer a prosperidade e, por conseguinte, a melhor garantia de proteção ambiental: a tecnologia.

A nossa Embrapa Territorial é prova disto.

O resultado, embora haja uma certa recusa coletiva em acreditar que o meio ambiente está melhorando, desde o primeiro Dia da Terra há 50 anos, hoje:

- O ar é menos tóxico (a concentração de três poluentes principais – dióxido de nitrogênio, dióxido de enxofre e chumbo – diminuiu consideravelmente desde os primeiros dados em 1980). Um exemplo é que a gasolina não tem mais chumbo.

- *A água é mais limpa e mais segura.*

- Cada vez mais tem aumentado o uso da energia renovável, onde o nosso etanol é um belíssimo exemplo.

- A reciclagem tem aumentado. Em 1960, a taxa de reciclagem nos EUA era de apenas 7%. Hoje, são mais de 35%.

- Mais lixo está sendo transformado em energia – não em aterro. Nos EUA menos de 500.000 toneladas de lixo foram desviadas dos aterros sanitários e transformadas em energia em 1970, em comparação com 34 milhões de toneladas em 2017.

- Segundo estudo da *Nature*, em cerca de um quarto de século, entre 1982 e 2016, a cobertura global das árvores aumentou em 865.000 milhas quadradas.

É isto. É através da liberdade humana para experimentar e reimaginar o uso dos recursos naturais que temos à disposição que podemos, cinquenta anos depois, repetir as palavras de Anders:
"Oh, meu Deus... que maravilha!"
Em suma, podemos melhorar, mas precisamos respeitar não só a natureza: a livre iniciativa faz parte do processo de melhoria do mundo e produção de riqueza.

Uma solução para a pobreza entre os indígenas

No Havaí, fui jantar no Hard Rock Café e não deixei de relembrar a questão indígena no Brasil.

Você pode não até não gostar do livre mercado, você pode até não ser bom no mercado, mas saiba que o mercado é bom para você ou para qualquer tipo de pessoa, até mesmo aquelas que as vezes sofrem alguma discriminação.

Os seminoles nos EUA são testemunhas vivas disto.

Seu portifólio indica que operam em mais de 70 países e nos mais diferentes ramos de negócios. O mercado não é uma resposta simplista ou aleatória para os problemas que enfrentamos no dia a dia.

Ao reconstruir comunidades afetadas por acidentes, levantar estradas ou pontes, fornecer comida ou educação, como tantas outras necessidades, será muito mais bem atendido e com muita mais eficiência pelo mercado do que pela centralização dos burocratas.

O livre mercado dá vida às pessoas.

O livre mercado dá oportunidades aos diferentes segmentos da sociedade que de outra maneira não teriam acesso.

Os seminoles são um exemplo da mobilidade social proporcionada pelo mercado, onde índios que tem acesso ao mercado se tornam grandes empreendedores.

Isto demonstra que a mais preciosa de todas as riquezas deste mundo é a liberdade, algo que os seminoles já conquistaram – ao contrário dos indígenas brasileiros.

Que os seminoles sejam exemplos aos nossos indígenas.

A tirania do "politicamente correto"

Onde não se pode criticar, todos os elogios são suspeitos.

Ayaan Hirsi Ali

A fragilidade das civilizações e dos valores ocidentais é uma das grandes lições do século XX.

Neste cenário, algumas figuras notáveis se destacam no debate de ideias, dentre elas algumas mulheres incomuns.

Hoje conheci uma destas presenças exponenciais: Ayaan Hirsi Ali, uma ex-refugiada nascida na Somália que ganhou reconhecimento graças aos seus próprios méritos na denúncia contra o sofrimento da mulher em sociedades orientais.

Seu ativismo contra o politicamente correto não arrefeceu, mesmo quando ela se tornou uma parlamentar da Holanda.

Esta sua luta foi retratada em filme feito pelo diretor Theo van Gogh, sendo que em razão do filme Theo foi esfaqueado publicamente até a morte. Na nota deixada presa ao cadáver de van Gogh, Ayaan foi identificada como o próximo alvo.

Depois que foi ordenada por um tribunal holandês a sair do seu apartamento porque seus vizinhos se sentiam inseguros nas proximidades, ela se mudou para os EUA.

Ayaan tem deixado claro que a tolerância exagerada com o politicamente correto como nos dias atuais é uma tirania. É uma tirania em razão de um vergonhoso silêncio na falta da liberdade de expressão.

A correção política degenerou o debate público e qualquer opinião contrária ao politicamente correto logo é marginalizada como "radical".

Estamos perdendo a nossa capacidade aberta de questionar e o resultado é uma forte limitação da liberdade de expressão.

Quando alguém sabe que uma alternativa é certa e a outra errada, não há justificativa plausível para escolher o meio termo.

Esta fuga empurra a verdade para um colapso total.

Você pode até discordar da maneira vigorosa como Aayan se expressa nos seus livros "Herege" e "Infiel", mas a ideia de que qualquer coisa pode ser reescrita — seja o passado ou o presente, ao sabor das ideologias — é inaceitável.

Afinal, qual mundo tem estabilidade quando seus pilares, como a verdade e o bem, são voláteis?

O politicamente correto contra o McDonald's

*Não devemos aceitar sem qualificação o princípio de tolerar
os intolerantes senão corremos o risco de destruição de nós próprios
e da própria atitude de tolerância.*

KARL POPPER

O problema hoje nas discussões ambientais é que o apelo às emoções costuma ser mais sedutor que o apelo à razão.

O que se verifica é uma intolerância sem limites com aqueles que divergem até mesmo das soluções.

Não demorou muito tempo até que as primeiras bandeiras de foice e martelo fossem identificadas nos ataques à mudança climática.

Semelhante aos socialistas, a maioria dos ambientalistas começa no mesmo lugar: uma aversão intuitiva e visceral ao capitalismo.

Isso deu origem à ideia moderna de que a mudança climática é um problema especificamente capitalista, mais famoso por Naomi Klein em seu livro *This Changes Everything*.

Já a economista Grace Blakeley afirmou:

A única maneira de interromper a mudança climática é desafiar a lógica do próprio capitalismo.

Isto explica a reação explosiva nas redes sociais contra uma ativista do Extinction Rebellion que, depois dos protestos em Londres contra as mudanças climáticas, teve a infeliz ideia de acalmar seu estômago em um McDonald's.

De fato, em vez de ser um vilão do clima, o mercado é provavelmente um dos melhores lugares para os manifestantes saciarem a sua fome.

Em primeiro lugar, Tom Forth, do Open Data Institute, afirma que um lanche, batatas fritas e café com leite do McDonald's é provavelmente uma das refeições quentes mais eficientes em termos energéticos e de baixa emissão de carbono que você pode comprar.

A pressão para obter lucro em itens de baixa margem, como hambúrgueres, em 37.000 restaurantes em mais de cem países, significa que o desperdício de recursos deve ser mantido no mínimo absoluto, sejam ingredientes, embalagens ou energia.

Resumindo, o gerenciamento inteligente de entregas significa menos milhas percorridas. Os mesmos caminhões que entregam seus alimentos e embalagens retiram os resíduos de óleo, papelão e alimentos usados na cozinha. Além disso, em vez de enviar resíduos gerais para aterros, quase todo ele é destinado a incineradores de resíduos em energia, o que reduz a necessidade de combustíveis fósseis.

Para se ter uma ideia, no Reino Unido, onde se deu o protesto, quase todas as instalações do McDonald's são alimentadas inteiramente por energia renovável, graças a acordos de compra de energia com parques eólicos e solares. Também implementou iluminação LED, equipamentos de cozinha com eficiência energética e treinamento especializado da equipe, reduzindo o consumo de energia desnecessário, o que ajuda a aumentar a margem de lucro. Entre 2014 e 2017, o McDonald's reduziu em 50% o consumo de energia em restaurantes de propriedade da empresa em todo o mundo, de 2.983 gigawatt-hora para 1.420.

A verdade é que todos querem "mais ação" sobre as mudanças climáticas, mas não queremos que isso nos custe nada.

Ao invés de serem intolerantes e advertirem as pessoas por irem se alimentar no sistema de livre trocas, como o McDonald's, estes ativistas deveriam comemorar o mercado como uma parte fundamental para eliminar a fome e para a solução dos problemas climáticos.

A ilusão da igualdade absoluta

Fatal paixão pela igualdade.

Lord Acton

É impressionante a atração que a esquerda tem pela questão da igualdade.

Todos os anos, em todos os cantos do planeta, eles realizam conferências sobre igualdade e clamam por maior igualdade, e ninguém desafia um princípio básico da Humanidade: as pessoas são desiguais.

Na minha juventude, lembro-me dos comentários de minha mãe sobre a beleza estonteante de Elizabeth Taylor, vencedora de dois Oscar de melhor atriz.

Ela foi a primeira atriz a assinar um contrato milionário com uma produtora para estrelar o filme *Cleópatra*.

Isto me lembrou a revista *The Economist*, reforçando a existência de muitas pesquisas mostrando que a atratividade, ou pessoas atraentes, têm uma grande vantagem sobre pessoas pouco atraentes.

Alguns economistas têm demonstrado claramente a existência do "prêmio de beleza".

A revista mostrou que os motoristas presos nos semáforos são mais lentos em buzinar se o carro da frente for de uma marca de prestígio.

Para reforçar, encontrei um estudo para quantificar as perspectivas socioeconômicas para homens no *Tinder* (uma plataforma para encontros românticos), com base na porcentagem de mulheres que "gostarão" deles (curtidas).

Dados femininos de uso do *Tinder* foram coletados e analisados estatisticamente para determinar a desigualdade na economia da plataforma.

O coeficiente de Gini para a economia do *Tinder*, com base em porcentagens "similares", foi calculado em 0,58.

Isso significa que a economia do *Tinder* tem mais desigualdade do que 95,1% de todas as economias nacionais do mundo.

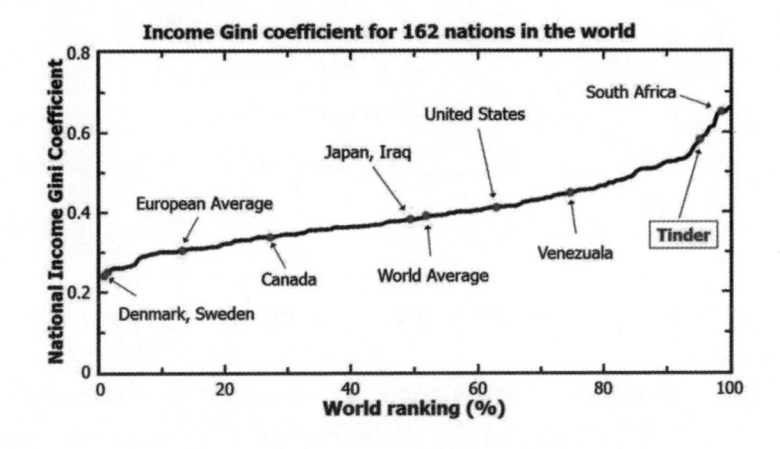

Income Gini coefficient for 162 nations in the world

Explicando a tabela acima, um homem de atratividade média só pode esperar ser apreciado por pouco menos de 1% das mulheres (0,87%).

Isso equivale a 1 "curtida" para cada 115 mulheres. A má notícia é que, se você não está nos escalões mais altos da atratividade (beleza), provavelmente você não terá muito sucesso no *Tinder*.

Greg Mankiw, professor de Harvard, escreveu sobre a vantagem que as pessoas altas têm sobre as pessoas baixas, chegando a brincar que o sistema de imposto de renda deve incluir um crédito de imposto para contribuintes baixos e uma sobretaxa de imposto para os altos.

Mas ao continuar nesta luta contra a desigualdade, logo terá gente que acredita que governo possa de alguma forma compensar a loteria da sorte genética.

Era como se uma jovem na época de minha mãe, por ser menos bonita, entrasse com uma ação contra Elizabeth Taylor, pois ela claramente discriminava os homens mais bonitos de sua época em detrimento de que estes homens estivessem namorando com ela.

Ainda mais se lembrarmos que Elizabeth Taylor teve oito casamentos!

No meu caso, eu então mereceria um subsídio por não ter os mesmos talentos futebolísticos de um Pelé.

O professor Robin Hanson, da George Mason, pergunta: por que as pessoas preocupadas com a igualdade de renda não estão igualmente preocupadas com a igualdade de acesso ao sexo?

> Se estamos preocupados com a justa distribuição de propriedades e dinheiro, por que não assumimos que o desejo de algum tipo de redistribuição sexual é inerentemente ridículo?

Para estes guerreiros da igualdade, é importante lembrar que a diversidade da Humanidade é um postulado básico do nosso conhecimento dos seres humanos.

Mas se a Humanidade é diversa e individualizada, então, como alguém pode propor igualdade como um ideal?

O dia a dia da vida mostra quão inútil é esta bandeira ideológica.

WILLIAM DOUGLAS

Brevíssimo resumo sobre questões raciais

Sobre Martin Luther King Jr., algumas frases:

"A escuridão não pode expulsar a escuridão, apenas a luz pode fazer isso. O ódio não pode expulsar o ódio, só o amor pode fazer isso".

"Eu decidi ficar com amor. O ódio é um fardo muito grande para carregar".

"Através da violência você pode matar um assassino, mas não pode matar o assassinato. Através da violência você pode matar um mentiroso, mas não pode estabelecer a verdade. Através da violência você pode matar uma pessoa odienta, mas não pode matar o ódio. A escuridão não pode extinguir a escuridão. Só a luz pode".

Sobre Mandela, assistir dois filmes:

Invictus, com Morgan Freeman, e a biografia dele, com Idris Elba no papel principal.

Sobre Jesus, comece pelo "Sermão do Monte", capítulos 5, 6 e 7 do Livro de Mateus.

Sobre a *Bíblia*, recomendo ler o Livro de Provérbios, um capítulo por dia (são 31 capítulos).

Racismo e exageros:
UM URGENTE E NECESSÁRIO FREIO DE ARRUMAÇÃO[1]

Sou professor voluntário da Educafro há mais de 21 anos. É uma OSCIP (Organização da Sociedade Civil de Interesse Público) católica franciscana que trabalha com inclusão social e educacional de pobres e carentes, em sua maioria negros[2]. Eu já lidava com a temática racial bem antes de ela, finalmente, entrar na pauta da mídia e da sociedade. O fato de ser magistrado nos acostuma a avaliar teses e antíteses, a fazer sínteses, a buscar a pacificação e a decidir, ainda que isso traga a antipatia de alguns, ou até da maioria. Não sou novo nesse assunto. Em especial em temas espinhosos e polêmicos, devemos manter a coerência. Sempre digo que precisamos discutir argumentos e

---

[1] Texto publicado no dia 09 de outubro de 2020, no jornal *O Dia*. Disponível em: <https://odia.ig.com.br/opiniao/2020/10/6004015-racismo-e-exageros- -um-urgente-e-necessario-freio-de-arrumacao----parte-1.html>. Acesso em 31 de março de 2021.

[2] Inicialmente o texto foi publicado em duas partes no jornal *O Dia*, aqui consta as duas partes unidas tal como em um texto corrente. (N. E.)

não adjetivos, e que acredito em encontrarmos uma pauta comum acima das ideologias, credos e cores.

 A experiência de professor e juiz e as inquietações do cidadão, levam-me a escrever sobre a necessidade urgente de um freio de arrumação no enfrentamento do tema.

 Gandhi dizia que se formos praticar o "olho por olho" todos terminaremos cegos, e Davi Lago, pesquisador do Laboratório de Política, Comportamento e Mídia da Fundação São Paulo, magistralmente completa a ideia dizendo que precisamos de mais olho no olho e menos "olho por olho". Precisamos, portanto, sentar e conversar, dialogar, ouvir e buscar equilíbrio e serenidade. Como já disse antes, somos todos tripulantes de um mesmo berço gentil e estamos todos debaixo do mesmo céu risonho e límpido.

 Abordarei alguns assuntos mostrando racismos e exageros, propondo o caminho do meio, que é onde normalmente estão a virtude e a melhor solução. O que aconteceu com a empresária Luiza Trajano e com a juíza do trabalho Ana Fischer são assuntos a serem discutidos. Igualmente, analisar o que aconteceu no Itaú em 2019 e no Magalu em 2020.

 Em novembro de 2019 circulou a foto dos 125 aprovados no processo seletivo do programa de *trainee* do banco Itaú. Nenhum negro. Isso me incomodou e, pedindo providências ao Ministério da Mulher, da Família e dos Direitos Humanos, participei do envio de um ofício ao banco (Ofício n. 172020GAB.SNPIRMMFDH). Lamentavelmente, ficou sem resposta. Igual destino de um outro ofício da mesma época, enviado para a Mattel pedindo que não viessem para o Brasil apenas Barbies louras (já que nos EUA existem versões morena e negra). Era uma série especial, "Barbie Juíza", mas meninas morenas e negras, e seus pais não conseguiam achar as Barbies que existiam nos EUA com a boa diversidade que é uma das características do país.

 Em setembro de 2020 circulou a notícia de um processo seletivo do programa de *trainee* do Magazine Luiza onde só seriam considerados participantes negros. Isso me incomodou e enviei, desta vez diretamente, um *e-mail* para o Magalu sugerindo alguns ajustes.

 Aqui, quero destacar algumas diferenças nos dois casos. No primeiro, a falta de diversidade racial é silenciosa e no segundo, assumida. No primeiro caso o excesso de branquitude é resultado, talvez, de falta de cuidado; e no segundo o excesso de negritude é fruto de, talvez, excesso de cuidado. Explico melhor: obviamente o Itaú não se preocupou com a questão racial, que aparece mais em seu *marketing* do que em suas práticas. Já Luiza Trajano tem historicamente demonstrado preocupação com a situação das mulheres e dos negros. As políticas do Magalu assumiram a monorracialidade de forma consciente e à luz do dia, e isto merece aplauso. Se errou na dose, não errou na ação pública. Mais me incomoda o cinismo daqueles que não se incomodam com a monorracialidade silenciosa, tantas vezes repetida.

Agora, vamos falar de similaridades. Nos dois casos, o programa de *trainee* não tem a cara do Brasil. Em números arredondados (Censo 2010), temos no país 7,5% pretos, 43% pardos, 47% brancos, 1,1% amarelos, 0,42% indígenas. Nos dois casos, como professor de Direito Constitucional e cidadão, preocupei-me em sugerir que fossem tomadas medidas para que os dois programas tivessem a cara mais parecida com a do nosso país. Nos dois casos, precisamos conversar e ouvir as pessoas sobre como lidar com cada uma destas situações. Ambas as situações geraram desconforto e nos desafiam a não deixar esse assunto virar uma "guerra de tribos". Temos que fazer um esforço inteligente, consistente e coletivo para cumprir os propósitos que a Constituição Federal estabelece no preâmbulo e no art. 3º, com a resolução pacífica dos conflitos.

Eu também enviei um *e-mail* e pedi providências concretas quando, no Colégio Franco-Brasileiro, no Rio de Janeiro, houve racismo contra uma aluna. Na ocasião, disse que combater o racismo é uma tarefa acima de ideologias e a cargo não apenas do Estado, mas também da sociedade. Antes, fiz inúmeros artigos sobre as vantagens e desvantagens das cotas raciais e das sociais, comparei ambas, escrevi sobre a interpretação equivocada da meritocracia. Infelizmente, uma parte da sociedade rejeita as cotas ou só quer cotas sociais ao passo que outra parcela quer as raciais, e ambas se desentendem sobre o conceito e aplicação da meritocracia. Criei dois conceitos novos para distinguir momentos de uso para a meritocracia "de acesso" e "de exercício"[3].

Falemos dos excessos. Muitos querem que o racismo seja discutido, mas querem impedir a liberdade de opinião e de expressão do pensamento,

---
[3] Cf.<https://qualconcurso.jusbrasil.com.br/artigos/496303135/merito cracias-parte-2-geni-salva-a-cidade>.

protegida pelo art. 5º da Constituição. Muitos querem impedir a fala de quem pensa diferente, alguns, inclusive usando a cor da pele como critério de mordaça. Há quem, usando de forma equivocada o conceito de "lugar de fala", desrespeite o direito consagrado na Declaração Universal dos Direitos Humanos (art. 19) e na nossa Constituição (art. 5º, ver incisos IV, VIII e IX), e art. 220, em especial o §2, que veda a censura.

Pois bem, ao saber do programa monorracial do Magalu, a dra. Ana Luiza Fischer Teixeira de Souza Mendonça, cidadã brasileira, juíza do trabalho, postou um único *tweet* dizendo: "Discriminação racial na contratação em razão da pele: inadmissível". Reparem, não é preciso ser juiz para poder opinar, mas no caso temos uma magistrada postando a respeito de assunto sobre o qual se debruça diariamente, considerando sua aprovação em concurso dificílimo. O art. 7º, inciso XXX, da Constituição Federal (embora eu entenda que é excepcionado, pelo menos em parte, em ações afirmativas), está lá e pode ser arguido. Para o bem ou para o mal, estando certa ou errada, cidadã Ana tem o direito de discordar e expor sua opinião.

Ana foi ofendida, atacada, enxovalhada, quiseram calá-la por pensar diferente e até por ser branca (isso é racismo!). Na ocasião me manifestei defendendo o direito de opinião e mencionei que acusar alguém de crime é calúnia.

Antes já havia escrito que realmente não existe "racismo reverso", mas por motivo diferente daquele arguido por alguns: todo racismo é racismo. Não existe o racismo do branco (racismo) e do preto (racismo reverso). Isso é uma ideia totalmente equivocada. Todo racismo é racismo, sem adjetivos. Toda e qualquer pessoa pode ser racista contra outra, é o que diz a lei. Existem vários casos de racismo (e não apenas injúria racial) nas redes sociais e mais ainda em espaços de poder. Infelizmente, a equivocada tese de que o negro não pode ser racista cria um inexistente monopólio do racismo, incentiva atitudes racistas e não traz qualquer benefício prático. Essa ideia reforça a cultura do racismo ao invés de desestimulá-la. Nesse passo, escrevi artigo junto com o dr. Irapuã Santana.

O caso da juíza e cidadã é ainda mais absurdo, pois políticos e um instituto de advogados atacaram não o mérito do assunto, mas o direito de a cidadã falar – alguns a tachando como "racista". Desde quando é possível alguém ser acusado de racismo por discutir um assunto jurídico?

Desde quando discordar de uma medida citando o art. 7º, inciso XXX, da Constituição Federal é algum ato ilícito? Ora, se há erro na fala, mostre-se o erro ao invés de se partir para ataques *ad hominem*. Nem Kafka teria previsto uma sociedade em que apenas um lado pode se manifestar! Não somos um país com partido nem ideias únicas, como ocorre em outros lugares do mundo.

Os ataques de políticos e instituto de advogados merecem destaque. Ataques de pessoas comuns do povo podem ser fruto da falta de educação cívica e/ou jurídica, mas causa espécie a intolerância à liberdade de opinião quando sua fonte são políticos ou advogados. Será que querem, para "lacrar" ou ganhar visibilidade, votos ou prestígio, sacrificar os princípios mais comezinhos de um Estado de Direito? Querer calar o outro é um dos exageros que estou abordando, mas querer ganhar votos ou prestígio "lacrando" e incitando ódio e intolerância é coisa muito pior.

Será que um político não sabe que o debate faz parte da democracia na qual este mesmo político pode ser eleito? Será que os advogados desse instituto desconhecem o art. 5º da nossa Constituição? Será que querem censurar quem pensa diferente? Assediar processualmente quem discorda?

Outros dois motivos piores podem existir, ainda. O primeiro, se, não ignorando o direito de opinião em vigor no país, a intenção do absurdo ataque seja a "lacração". Assim, desrespeitam direito consagrado em busca de votos, prestígio ou visibilidade. Se isso se confirmar, será profundamente triste. Que esperança teremos se alguém desrespeita o direito do outro por razões tão egoístas? A solução, eu cito: vamos reaprender a respeitar a liberdade de opinião e de expressão do pensamento.

O segundo eventual motivo, pior do que quem usa argumentos *ad hominem* e a desqualificação do oponente é: será que não acreditam nas teses que sufragam? Será que acham suas ideias frágeis a ponto de temerem que quem delas discorda possa usar a palavra? Mordaça, não! A solução, eu cito: vamos ouvir os dois lados e que prevaleça a verdade e o bom senso.

Enfim, este é o primeiro exagero que quero mencionar: o exagero daqueles que querem calar e silenciar quem pensa diferente. Temos que frear isto para arrumar nossa democracia e investir no Estado Democrático de Direito. Que todos leiam e respeitem o art. 19 da Declaração Universal dos Direitos Humanos e o art. 5º da Constituição Federal. É um bom começo.

Um dos piores erros ao lidar com a questão racial é permitir que problemas ou acontecimentos não-raciais sejam classificados como tal. Se tudo for racializado, então as questões realmente raciais não serão percebidas e, no fim das contas, os problemas não serão solucionados. A identificação equivocada do problema importa na escolha de soluções erradas.

Vejam o caso da primeira parte deste artigo, que menciona uma juíza que foi hostilizada por dar sua opinião jurídica sobre a questão do Magazine Luiza. Ao discordar do programa, ela foi chamada de "racista". Eu indago: uma juíza discordar de um programa, citando o art. 7º, inciso XXX, da Constituição Federal é racismo? Eis um exagero: chamar de "racista" quem discorda de alguma proposta de ação afirmativa. Será que não se pode ser discutida ou questionada uma nova ideia sob pena de ser tachado como "racista"? Imaginem uma proposta de que a partir de agora, para acelerar a defasagem de negros no serviço público, todos os concursos terão cota de 100%. Isso seria uma expansão da ideia do Magalu. E aí? Quem disser que isso é má ideia é um "racista"? Chegaremos a este grau de patrulhamento?

O que estou tentando explicar é que até mesmo dentro de questões que envolvam raça e cor, não é saudável (nem correto) racializar tudo. Fazer isso dilui o tema e acaba por tirar a força dos casos realmente raciais. Devemos preservar a liberdade de pensamento e de sua expressão como algo essencial para identificar os problemas reais e encontrar as soluções corretas.

Outro exemplo desse exagero de racializar tudo ocorreu recentemente com a deputada federal Bia Kicis. A deputada publicou em suas redes uma ironia aos adversários políticos Sergio Moro e Henrique Mandetta, na qual satiriza a situação de "desemprego" deles e que por isso precisariam se fingir de negros e pedir emprego no Magazine Luiza. Imediatamente foi chamada de racista por estar usando *blackface*.

Vamos lá. Qualquer pessoa alfabetizada racialmente sabe o que é *blackface* e que seu uso pode configurar racismo. Porém, nem sempre. Uma peça de época que mostre o *blackface* obviamente não será racista, pois inexiste o dolo específico. Da mesma forma, se a intenção da postagem era ironizar adversários políticos, é um exagero querer racializar o embate. Não existe dolo específico! Isso é básico em Direito Penal!

A questão não é racial e sim de liberdade de expressão. Não é uma briga entre a deputada e os negros, mas sim entre a deputada e dois adversários. Uma briga entre brancos, anoto. A deputada ironizou o desemprego dos seus opositores políticos sugerindo que precisariam se inscrever no programa de *trainee* da Magazine Luíza, que é o assunto da hora. O requinte a ser percebido é: ela insinua que assim como (a seu juízo) eles foram falsos nas atuações anteriores serão falsos na hora de pedir emprego. Talvez nem todos captem essa ironia fina, mas não deveria ser tão difícil de perceber que se trata de uma peça direcionada aos adversários políticos. Quando diz que eles irão se maquiar para ter o requisito, não há desprestígio à raça, mas aos políticos.

É um bom humor? Eu, particularmente, não achei grande coisa. Mas o humor, mesmo quando de baixa qualidade, é protegido pela Constituição Federal e precisamos diferenciar quando ele constitui ou não racismo.

Na Ação Direta de Inconstitucionalidade 4.451, o ministro Celso de Mello disse:

> Em uma palavra: o riso e o humor são expressões de estímulo à prática consciente da cidadania e ao livre exercício da participação política, enquanto configuram, eles próprios, manifestações de criação artística. O riso e o humor, por isso mesmo, são transformadores, são renovadores, são saudavelmente subversivos, são esclarecedores, são reveladores. É por isso que são temidos pelos detentores do poder ou por aqueles que buscam ascender, por meios desonestos, na hierarquia governamental. Daí a observação de Georges Minois (*História do Riso e do Escárnio*, 2003, Editora Unesp), para quem:
> "O debate livre não pode prescindir da ironia. Riso e democracia são indissociáveis, apesar de os regimes autoritários, que se baseiam num pensamento único, não conseguirem tolerar esse distanciamento criado pelo riso. O riso de combate [...] conhece [...] um extraordinário renascimento no século XIX [...]. Porém, já desponta um riso mais moderno, mais vasto, que engloba tudo, riso de Demócrito para alguns, riso diabólico para outros, riso do *nonsense*, do absurdo [...], o riso filosófico, o riso fino, o riso irônico [...]". O humor e o riso constituem armas preciosas, instrumentos poderosos de insurgência contra os excessos do poder, contra os desmandos dos governantes, contra os abusos da burocracia estatal, contra o menosprezo das liberdades, contra o predomínio da mentira, contra o domínio da fraude. O riso, no fundo – seja ele o riso cético de Demócrito, ou o cínico de Diógenes, ou o satírico de Juve-

nal, ou o catártico, ou o festivo, ou o solitário, ou o amargo, ou o polido, ou o filosófico ou o político –, traduz expressão de uma das respostas fundamentais do ser humano perante o dilema da existência e os desafios com que nos defrontamos ao longo de nossas vidas.

Daí a aversão, o medo e a repulsa ao riso e ao humor, manifestados por aqueles que controlam o aparelho de Estado ou por aqueles que desejam assumir-lhe os postos de direção.

O fato é que o riso, especialmente o riso satírico, o riso corrosivo, é instrumento de combate, pois "o riso seduz, intriga, desestrutura, provoca a cólera ou a admiração [...]".

Nesse contexto, reveste-se de significativa importância a proteção à liberdade de criação artística e de expressão do pensamento.

Já o ministro Alexandre de Moraes, na mesma Ação Direta de Inconstitucionalidade, disse:

> O direito fundamental à liberdade de expressão, portanto, não se direciona somente a proteger as opiniões supostamente verdadeiras, admiráveis ou convencionais, mas também àquelas que são duvidosas, exageradas, condenáveis, satíricas, humorísticas, bem como as não compartilhadas pelas maiorias (Kingsley Pictures Corp. v. Regents, 360 U.S 684, 688-89, 1959). Ressalte-se que, mesmo as declarações errôneas, estão sob a guarda dessa garantia constitucional.

Para citar a contraparte norte-americana, lembro que em junho de 2017, no caso Matal v. Tam, a Suprema Corte dos Estados Unidos entendeu que não há exceção à Primeira Emenda de sua Constituição, aquela que prevê o direito à livre expressão e proíbe o Estado de estabelecer religião oficial, o livre exercício religioso, limitar a liberdade de expressão, de imprensa e o direito de associação.

Nesse caso o governo havia proibido o registro da marca "The Slants", que é uma forma ofensiva de se referir às pessoas de origem asiática, e a Suprema Corte entendeu que mesmo as formas de expressão odiosas estão protegidas constitucionalmente. A Primeira Emenda protege até as manifestações mais detestáveis porque a alternativa seria a censura.

É bom lembrar que a liberdade não é só aquilo que a gente gosta, mas também é defender o que a gente não gosta de ouvir. Ninguém pode ser dono dessa liberdade, como lamentavelmente tivemos no passado e que tanto lutamos para recuperar. Recentemente se permitiu que o grupo Porta dos Fundos ofendesse a todos os que veneram Jesus e Maria, e muitos comemoraram. Não consigo entender como muitos aplicam dois pesos e duas medidas. Pode ironizar Jesus e Maria, mas não pode ironizar políticos dizendo que se maquiarão para conseguir um emprego exclusivo para negros? O caso ainda fica mais paradoxal pois, em se tratando de parlamentar, a garantia de liberdade de opinião e expressão do pensamento é ainda mais protegida.

Logo, a questão da deputada expressa mais um exagero: ver questões raciais onde elas não existem, onde a intenção é evidentemente a ironia política. O fato é que, quando a deputada ironiza o adversário, quem pode eventualmente ter legitimidade para reclamar seriam os políticos retratados, e não pelo viés racial, mas outro. E, mesmo nessa outra seara, só irão bem aqueles que perceberem que a questão nodal é a discussão dos limites da liberdade de expressão.

Por outro lado, enquanto situações não raciais são com elas confundidas, por ignorância ou má-fé, passam incólumes situações que me parecem extremamente graves e das quais darei exemplos. Já venho denunciando a tentativa de algumas pessoas de impor aos negros a escolha de determinada ideologia, religião ou sexualidade. Comparo as pessoas que querem fazer isso aos antigos donos de navios negreiros, e explico. É um fenômeno que chamo de "navio negreiro moderno", outros chamam de "novos senhores de engenho".

Vários alunos cristãos me informam que professores universitários dizem que "sendo negros não poderiam ser cristãos". Várias pessoas, brancas e negras, já me relataram terem sido hostilizadas ou criticadas por terem relações amorosas interraciais (a chamada "palmitagem"). O que temos aqui é um discurso vendido como "defesa dos negros", mas na verdade nada é senão um discurso que quer subjugar a vontade dos negros, impondo-lhes posições obrigatórias. Infelizmente poucos conseguem perceber a profunda ofensa (e pensamento racista) que é dizer que um negro não pode escolher sua ideologia, fé ou parceiro sexual.

Assim como – no passado – alguns negros, seguindo a cultura da época, vieram a ter seus escravos, infelizmente hoje, mesmo com a nova cultura antirracista que se quer implantar, temos negros querendo impor suas escolhas a outros, se valendo do argumento racial. Apenas para citar um exemplo, tivemos o primeiro barão negro do Brasil, um empresário extraordinário cuja biografia é objeto do livro *Barão de Guaraciaba – Um Negro no Brasil Império*, de autoria do historiador Carlos Alberto Dias Ferreira.

Não podemos aceitar que brancos ou negros queiram impor decisões a outros, ou que os calem, ou que façam o patrulhamento de ideias. Não podemos aceitar que alguém seja ofendido por fazer escolhas pessoais lícitas. Impedir ou forçar alguém a se manifestar ou escolher um ou outro caminho por conta de sua cor de pele é reproduzir a cultura do racismo.

Sou e sempre serei defensor da liberdade individual e do respeito às diferenças, além das políticas inclusivas que busquem tornar o país melhor. Contudo, em todos estes desafios é preciso evitar exageros. Precisamos respeitar as liberdades e proteger a todos de patrulhamento, censura ou mordaça. E temos que combater o racismo sempre, mas onde a questão for realmente de racismo.

Racismo para além do bem e do mal

Aquele que luta com monstros deve acautelar-se para não tornar-se também um monstro. Quando se olha muito tempo para um abismo, o abismo olha para você

O racismo é um grande mal. Vamos combatê-lo da forma correta e inteligente.

Em todos os tons de pele encontramos pessoas do bem e pessoas perdidas, ou do mal mesmo. Em todas as cores de pele encontraremos antirracistas e racistas.

Estimular o ódio entre raças ou cores é reproduzir e expandir o racismo.

Temos que resolver nossos problemas históricos e os de hoje, temos que dar oportunidades de crescimento, saúde, trabalho, estudo e justiça para todos, temos que mudar a realidade atual, temos que fazer uma revolução.

Combater o racismo não se faz com ódio, nem com mais racismo.

Como diz um dos meus mentores intelectuais e espirituais, um preto, o pastor batista, Martin Luther King Jr: "A escuridão não pode expulsar a escuridão, apenas a luz pode fazer isso. O ódio não pode expulsar o ódio, só o amor pode fazer isso".

Então, cuidado para, ao combater o mal, não reproduzi-lo em mão invertida. Vamos ser inteligentes, vamos realmente enfrentar esse problema. Isso de "os brancos" ou "os pretos" é um grande erro sobre a raça humana, um erro metodológico, um erro estratégico, um favor aos racistas, uma manifestação de racismo, um desserviço ao combate ao racismo.

Racismo pode ser praticado por qualquer pessoa e contra qualquer pessoa. Vamos combater toda e qualquer ideia racista. Vamos vencer esse mal. Para isso, vamos fazer do jeito certo, sem copiar os comportamentos que criticamos.

Junte-se a essa luta necessária e urgente, mas lute do jeito certo: sem mais racismo. Sem ódio. Vamos trabalhar com a luz.

Pequenos e grandes racismos:
RACISMO EXISTE E PRECISA, SIM, SER OBJETO DE PROVIDÊNCIAS, E NÃO APENAS POR PARTE DO ESTADO

O que mais me preocupa não são os jovens acusados de racismo, mas a reação dos adultos. Enquanto muitos clamam pela expulsão dos alunos, parece que saem incólumes os grandes racismos. Estou tratando das mensagens racistas que alunos do Colégio Franco-Brasileiro, em Laranjeiras, Zona Sul do Rio, escreveram em um grupo de *WhatsApp* para se referir a uma colega negra, que também estuda na instituição.

O episódio criminoso vitimou, em primeiro plano, Ndeye Fatou Ndiaye, de 15 anos e, de forma dispersa, a todos nós. A jovem relatou que o racismo é frequente no seu dia a dia, mas que é a segunda vez que enfrenta um episódio grave envolvendo colegas de classe.

O pai das meninas, Mamour Sop Ndiaye, de 45 anos, esteve em reunião com o colégio na quarta-feira, onde foi informado que um ofício foi encaminhado para o Conselho Tutelar e que, por ora, a instituição não tomará outras providências. Mamour é professor universitário e veio do Senegal para o Brasil há 22 anos. Imagino a situação deste pai ao ouvir que a escola, por ora, "não tomará providências". Como assim?

O episódio mostra que o racismo existe e que precisa, sim, ser objeto de providências, e não apenas por parte do Estado. A reação ao episódio foi, por um lado, muitos querendo a expulsão dos alunos que praticaram racismo e, de outro, o Colégio Franco-Brasileiro emitindo uma nota de repúdio, na qual repete chavões típicos de *marketing* de crise enquanto diz que não fará nada, deixando tudo por conta das autoridades. Vou comentar ambas as "soluções".

Inicialmente, para choque de muitos, não creio que o melhor caminho seja a expulsão. Os jovens que escreveram aquelas mensagens são, na verdade, repetidores de um racismo que não nasceu com eles. Não podemos esquecer que, por mais repugnante que seja a atitude dos jovens, eles são... jovens! Eu me preocupo mais com os pais deles. Pode ser que neste momento estejam envergonhados, vítimas extras do mau comportamento dos filhos, ou pode ser que sejam, de forma direta ou indireta, a fonte dessa cultura de discriminação e deboche. Eu não sei. Sei, porém, que cabe também ao colégio, e não apenas ao Estado, pesquisar isso.

Os pais dos alunos precisam ser chamados a se manifestar. Estes jovens em especial, mas todos da escola, precisam ser educados. A expulsão, portanto, talvez não seja a melhor solução. Talvez mais merecedores de uma expulsão sejam aqueles que incentivam ou que se omitem, pois são os participantes mais reprováveis deste lamentável episódio. Precisamos expulsar o racismo dos alunos e não os alunos da escola.

Não é pequeno o que passou a adolescente e sua família, mas é descomunalmente maior o que lhes impõe, e a todos nós, a atitude da escola. É quase uma provocação. Afinal, o maior racismo é, ao meu sentir, se omitir diante do racismo. É o pior deles, pois se disfarça de santidade, repetindo cantos bonitos e divorciados de atitudes. As frases racistas são mais honestas e sinceras: elas falam em voz alta. O mais preocupante é o grito silencioso de repudiáveis notas de repúdio e os cinismos disfarçados de prudência.

A decisão de "esperar as autoridades" não ajuda em nada a expulsar o racismo dos alunos e da sociedade. Como assim esperar as autoridades? O Colégio Franco-Brasileiro não sabe que também é autoridade? Que é autoridade educacional, não se recorda? É muito fácil jogar tudo para as autoridades e se omitir. Isso é inaceitável. Essa atitude mancha o nome da instituição e os nomes que carrega: mancha o nome da França, com seus ideais revolucionários (igualdade, liberdade e fraternidade) e o nome do Brasil, que acolheu tantos franceses e senegaleses. No caso da França, sua história na África deveria fazer uma escola com o nome do país ser mais assertiva diante de episódios como este.

A nota de repúdio que o colégio divulgou diz que ele está "analisando todos os fatos para que sejam tomadas as devidas providências". Enrolação. Se a instituição, como alega, "repudia, de forma veemente, toda forma de racismo", deveria anunciar de imediato algumas providências. Há soluções que demandam reflexão, mas diante da gravidade do caso há medidas que podem e devem ser tomadas e anunciadas de imediato.

Sugiro algumas: (1) um pedido formal de desculpas à família; (2) um pedido formal de desculpas à comunidade por não ser capaz de evitar o racismo que tanto afirma deplorar; (3) um compromisso de realizar eventos, com presença obrigatória de todos os alunos, para discutir o assunto; (4) o compromisso de realizar palestras sobre o tema, com brancos e pretos na mesa; (5) informar quantos professores negros possui e um plano para aumentar seu número; (6) a concessão de um bom número de bolsas de estudo para pessoas negras, de forma a acostumar seus alunos com a diversidade; (7) um programa de convivência que inclua diversidade cultural, de preferência com a participação dos pais dos alunos; (8) um programa de apoio a alguma escola pública perto de sua sede, utilizando seus recursos; (9) noticiar os livros que passará a adotar para contribuir com a correção do problema; (10) envio de comunicação a todos os pais no sentido de que, observado o problema, os alunos devem ter reforçadas as orientações familiares relativas a cidadania, respeito e combate ao racismo e à discriminação.

Se o colégio quiser fazer algo efetivo, não faltam ideias, o que falta é vontade. Então, não deveria a instituição de ensino acrescer aos vitupérios do racismo, o vitupério de uma nota com palavras bonitas e omissões feias.

A verdade é que nós, enquanto sociedade, temos ensinado, por ação ou omissão, racismo aos meninos e meninas, e precisamos corrigir isso. Como disse Nelson Mandela, ninguém nasce odiando outra pessoa pela cor de sua pele, ou por sua origem, ou sua religião. Para odiar, as pessoas precisam aprender, e se elas aprendem a odiar, podem ser ensinadas a amar, pois o amor chega mais naturalmente ao coração humano do que o seu oposto. A bondade humana é uma chama que pode ser oculta, jamais extinta (*Long Walk to Freedom*, 1995).

Alguém – ou todos nós – ensinou esses jovens que praticaram racismo. Alguém ensinou, ou está tolerando, a omissão de quem deveria agir de fato e não apenas repetir frases bonitas. Alguém e todos nós precisamos desensinar a prática destas coisas ruins. Enfim, creio que pelo esforço dos adultos esses jovens de comportamento racista poderão ser corrigidos, educados – salvos mesmo. O que tenho dúvida é se os adultos irão aprender e mudar alguma coisa com esse episódio.

Aguardamos, portanto, não só as providências das autoridades públicas, que saberão tratar os autores das ofensas de acordo com a lei, o bom senso e as circunstâncias do caso, mas também aguardamos providências imediatas, concretas e sérias da autoridade educacional envolvida. Pelo bem do nome da França, pelo bem do nome do Brasil, pelo bem da Educação, pelo bem de todos.

Consciência negra e a captura ideológica da questão racial

Embora a direita e a esquerda, bem como os partidos e os intelectuais que as representam, tenham caminhos diferentes para lidar com as desigualdades sociais, não faz sentido negar a existência da questão racial. Isso fica claro em diversos estudos e estatísticas. O informativo de Desigualdades Sociais por Cor ou Raça do Instituto Brasileiro de Geografia e Estatística (IBGE), por exemplo, mostra que, entre os 10% com maior rendimento *per capita* no Brasil, temos 70,6% de brancos e 27,7 % de negros. Já entre os mais pobres, 75,2% são negros e 23,7% são brancos. Os cargos gerenciais são ocupados 68,6% por brancos. Ora, se, em 2018, 55,8% da população se declara como preta ou parda (a soma de ambos é que gera o conceito de negros), não há como negar que sequer precisamos discutir dívida histórica, pois temos um problema hoje, uma fatura vencendo agora.

O Dia Nacional da Consciência Negra é celebrado no Brasil em 20 de novembro. A data foi escolhida por ser o dia atribuído à morte, em 1695, de Zumbi dos Palmares, principal líder do Quilombo dos Palmares. A sugestão da data é do poeta e professor gaúcho Oliveira Silveira, militante do movimento negro em Porto Alegre. Ter um dia reservado a esse tema é uma forma de chamar atenção para a necessidade de superar desigualdades de oportunidades e também de vencer preconceitos.

Qualquer pessoa que tiver dúvidas sobre a existência do problema pode, simplesmente, reparar na quase absoluta ausência de negros nas melhores escolas, faculdades, restaurantes, cargos e posições da sociedade. Embora sendo 55,8% da população, sua presença nas camadas mais altas da sociedade é muito tímida, quase inexistente. Este país, que já teve leis que proibiam os negros de estudarem, nunca deu boa solução para a inserção social após a abolição da escravatura. Não tivemos medidas para garantir acesso à educação e aos meios de produção, o que criou barreiras e dificuldades que ao longo das décadas criaram abismos e fossos praticamente intransponíveis.

O fato de termos alguns herois que, apesar de tudo, alcançaram sucesso e posições de poder e riqueza, não pode ser usado como desculpa ou venda nos olhos. Aceito que o leitor tenha dúvidas sobre o melhor caminho para resolver o problema e faça suas próprias ponderações – mas espero que não negue que temos um problema real.

A esquerda, por muitos de seus pensadores e agentes, tem demonstrado maior preocupação com a questão racial. Infelizmente, no entanto, tem levado para essa seara a lógica da luta de classes. Já a direita tem, por muitos de seus pensadores e agentes, preferido a "solução Morgan Freeman" (uma vez que ficou famosa a fala do ator de que para acabar com o racismo, basta não falar nele) acreditando, alguns até sinceramente, que o problema irá se resolver com acesso de todos à educação e ao trabalho.

Ambos os lados erram. Marchas com destruição de bens e hostilização racial não são produtivas, ferem nossas Constituição e legislação. Dar "igualdade" a todos sem resolver os séculos de desigualdade também não é honesto. Temos que encontrar uma pauta comum e tratar o tema como de Estado, não de partidos.

Temos que reconhecer o problema e enfrentá-lo dentro do que a Constituição estabelece, o que exclui excessos como querer impedir a fala de pessoas brancas (o uso equivocado do "lugar de fala"), defender que brancos não possam ser vítimas de racismo (chamado de "racismo reverso") ou, mais recentemente, a criação de um programa de *trainees* exclusivo para negros. Do mesmo modo, o impedimento ao relacionamento de pretos com brancos (chamado de "palmitagem") também é uma violação clara de direitos e liberdades. Por outro lado, a simples aplicação da "solução Morgan Freeman", fingindo que não existe um problema, seria tão errado quanto, ou até mais.

Não deve ser motivo de incômodo, de forma alguma, termos um mês no qual se discute de forma especial a necessidade de superar a questão racial e o racismo, do mesmo modo como abordamos, em datas próprias, o suicídio, o câncer de mama e o de próstata. Se os meses podem ser amarelos, rosas e azuis, não há problema em termos um para abordar a questão racial. É bom festejar nossa diversidade.

Contudo, algumas ideias amplamente divulgadas precisam ser corrigidas. Imputar a escravidão como um fenômeno do homem branco contra o negro é outro exagero indevido. O fluxo de 12,5 milhões escravos entre a África e América, dos quais 1,8 milhão morreu durante a travessia, é o maior evento em termos numéricos, mas não o único. Nem de longe. Não foi uma ação de brancos contra negros, mas de brancos e negros que tinham poder de subjugar outrem e o fizeram, com óbvio dano aos negros. Querer recontar a história da forma mais conveniente a sua ideologia é, repito, uma grande *fake news*.

Quando se ensina que o racismo seria monopólio de uma raça não se está enfrentando o problema real, que é a tendência de todo e qualquer humano de abusar do poder. Além da falsidade histórica há um desvio da origem real do problema, reforçando ressentimento racial e impedindo a percepção da fonte real do fenômeno. A própria tentativa de culpar a sociedade mais do que o individuo é danosa, pois elimina a responsabilidade pessoal do racista.

Em nosso país, fruto da escravidão do negro e do índio e de uma abolição mal executada e inconclusa, temos efeitos perversos a serem corrigidos. Bem enfrentado, anoto, e não de forma histérica, violenta ou apequenada. Infelizmente, algumas linhas ideológicas querem mais dividir do que somar e carregam ações que dialogam com o ressentimento e a amargura, que desejam transformar as antigas ideias de luta de classes em luta de tribos.

O preâmbulo da Constituição Federal e a cosmovisão da maioria dos brasileiros propugnam a solução pacífica dos conflitos. Não pode haver contemporização com aqueles que pretendem importar manifestações violentas, boa parte dos quais movidos por interesses alheios à questão racial. São pessoas que querem usar essa energia e esse ressentimento acumulado para incensar outros interesses, conduta tão reprovável quanto o racismo ou, talvez, apenas um novo modelo dos antigos senhores de engenho.

No geral, porém, nunca nos esqueçamos: as estatísticas mostram claramente que a grande vítima do racismo brasileiro é o preto e, em seguida, o pardo. Os pardos, por sinal, ainda sofrem preconceito de alguns pretos, que o julgam não ser "preto o suficiente" para fins de ações afirmativas. Coisas humanas, repito. Seja como for, o colorismo é outro assunto a ser enfrentado com sabedoria, boa vontade equilíbrio.

Se há poucos séculos brancos e pretos se juntaram para colocar dentro de navios negreiros pretos vencidos e os vender nas Américas, hoje, nesta simbólica data, venho denunciar pretos e brancos que, mais uma vez, querem enfiar em navios negreiros alguns pretos e pardos. Como sempre, a ideia é submeter outros aos seus caprichos e interesses. O velho plano, apenas com roupas diferentes.

O navio negreiro de hoje é desprezar a autonomia da vontade e do pensamento, da liberdade de escolha e de expressão do negro que pensa diferente. O que importa é fazer prevalecer a própria tese, vontade ou pensamento. O lucro mercantil foi substituído pelo monopólio do discurso. Existem pretos que querem ser donos de outros e há brancos que lhe fazem coro, pois têm as mesmas ideias políticas, sociais ou religiosas (o que confirma que não estamos diante de uma questão racial, mas ideológica).

Algumas pessoas, ideologias, partidos e religiões querem, em busca de supremacia, controlar outros pertencentes de suas condições. Basta, por exemplo, um preto se declarar de direita e é imediatamente acusado de ser "capitão do mato", fenômeno já visto várias vezes em nosso país. Querem dizer o que seus irmãos podem ser ou fazer. E se não fizerem, de imediato os colocam no tronco da opinião pública, chicoteando-os com ofensas desrespeitosas e tentativas de cancelamento.

Creio que a paz e o império da lei são melhores, só isso. Todo homem é um navio, com direito de ficar ou zarpar onde e quando julgar melhor para sua grande navegação existencial. Cada um tem que escolher por si mesmo, sem pressão, ameaça ou violência.

A imensa maioria dos brasileiros preza e respeita a figura de Jesus Cristo e as lições deixadas por Ele podem ajudar muito o diálogo e a pacificação social. Ele ensinou que todos somos irmãos e que devemos tratar o outro como gostaríamos de ser tratados (a regra de ouro). Se implementarmos em nosso cotidiano social um mínimo de fraternidade e de respeito ao direito do outro, estaremos caminhando na direção correta.

Temos que trabalhar por um mundo em que cada um possa escolher o que julgar melhor para si e ter a maturidade para colher os resultados de suas próprias escolhas. O negro, tal como o branco, tem que ter o direito de, sem ser ofendido, escolher sua fé, a sua ideologia e com quem vai repartir a cama, em quem vota e quem quer seguir. Afinal, todos compartilhamos uma mesma condição humana, que nos faz iguais em dignidade e direitos, como preceituam os direitos humanos.

Até quando vamos tolerar a intolerância?[4]

Um procurador do Ministério Público Federal ajuizou ação civil pública e de improbidade administrativa em face do diretor-geral do Arquivo Nacional. Alega que este teria violado o Estado laico ao autorizar a realização de encontros religiosos de 30 minutos — no horário de almoço — no auditório do órgão. Alega violação da Constituição e que houve dano ao erário público (gasto com luz, ar-condicionado e equipamento de som), requerendo a suspensão dos seus direitos políticos, perda do cargo e ressarcimento. Em suma, trata o diretor como se fosse um corrupto.

O membro do MPF confunde Estado laico com Estado ateu. Equívoco grosseiro pensar que tais encontros violam o Estado laico. Violação seria, por exemplo, autorizar a reunião apenas para uma única religião, ou não permitir igual espaço para ateus.

---

[4] Texto publicado no dia 28 de fevereiro de 2017 no *Jornal O Globo*. Disponível em: <https://oglobo.globo.com/opiniao/ate-quando-vamos-tolerar- intolerancia-20979324>. Acesso em 31 de março de 2021.

A Ministra Cármen Lúcia, presidente do STF, pediu ao arcebispo de Belo Horizonte para benzer seu gabinete. Desconheço ter havido processo contra ela. O STF já decidiu que Estado laico não é sinônimo de Estado ateu ou perseguidor de quem tem fé. Estado laico significa que não há uma religião oficial. Enfim, todos temos direito de escolher nossas crenças ou o ateísmo e todos devem ser respeitados pelo Estado.

O Tribunal de Justiça do Estado do Rio tem, em dias distintos, reuniões de católicos, de evangélicos e de espíritas, todos em perfeita ordem e harmonia. E quem não quer ir não vai. Aliás, há capelas e espaços ecumênicos em diversos órgãos públicos desde sempre, sem que nunca tenha aparecido alguém para querer cobrar a energia elétrica dos respectivos recintos.

Se o diretor autorizasse os servidores a, no horário de almoço, comemorarem um aniversário ou a assistirem a um evento esportivo, teria o referido representante do MPF ajuizado ação? Provavelmente não. Isto confirma a perseguição religiosa: aniversário e esportes, pode; religião, não. É fato que confraternizações são acontecimentos positivos para o sentimento de equipe e para o bom ambiente de trabalho (que resulta em maior produtividade e menor absenteísmo). Todos tolerados e parte de nossa cultura.

A Constituição traz previsão expressa de diversos valores religiosos. O art. 3º proíbe qualquer forma de discriminação, como é o caso de impedir confraternização por motivo de fé. Por fim, a liberdade religiosa é também assegurada pela Declaração Universal dos Direitos Humanos.

As religiões, em geral, propõem a paz, a generosidade e o serviço ao próximo, valores que auxiliam tanto o Estado quanto a sociedade. As diversas linhas religiosas contribuem rotineiramente com saúde, educação, filantropia, etc., suprindo a inércia do Estado. Há evidente e saudável colaboração recíproca entre o Estado e aqueles que professam alguma religião.

O Procurador do MPF, ao entender que há improbidade e danos ao erário, esquece-se do princípio da insignificância e dos benefícios indiretos trazidos pela reunião, bem maiores do que os gastos que alega. Equiparar à corrupção ou aos desmandos uma reunião pacífica para cultivar valores positivos é *nonsense*.

Se há algum arranhão à Constituição, este é o do servidor público que, em atitude completamente desproporcional, quer impor aos religiosos um sistema de degredo ou redução de suas garantias constitucionais. Querer expulsar do espaço público a religiosidade é querer criar guetos para quem tem alguma característica específica. Foi o que Hitler fez com os judeus.

Até quando a intolerância será tolerada? Até quando haverá perseguição religiosa movida com as armas do Estado? Para garantir a tolerância, é preciso que aqueles que são intolerantes não possam utilizar os meios públicos para veicular perseguição religiosa, e para que deixem de desperdiçar o tempo, o dinheiro e a paciência do contribuinte.

Ação contra crucifixos mostra intolerância[5]

Veja esta notícia publicada no *Portal IG*:

[...] em atenção à queixa de um cidadão, que se sentiu discriminado pela presença de um crucifixo no Tribunal Regional Eleitoral de São Paulo, a Procuradoria Regional dos Direitos do Cidadão entrou com uma ação civil pública para obrigar a União a retirar todos os símbolos religiosos ostentados em locais de atendimento ao público no Estado. A ação, com pedido de liminar, visa garantir a total separação entre religião e poder público, característica de um Estado laico, ainda que de maioria cristã, como o Brasil. "Minha ação restringe-se aos ambientes de atendimento ao público".
Nada contra o funcionário público ter uma imagem de santo, por exemplo, sobre a sua mesa de trabalho". Católico praticante, "comungo e confesso", diz Dias, 38 anos, o procurador responsável pela ação. Uma decisão favorável no TRF-SP certamente levará o assunto a outras instâncias. O único precedente que existe é negativo. Em junho de 2007, o Conselho Nacional de Justiça indeferiu o pedido de retirada de símbolos religiosos de todas as

---

[5] Texto publicado 11 de agosto de 2009 no *site* Conjur. Disponível em: <https://www.conjur.com.br/2009-ago-11/retirada-crucifixos- discussao-pirotecnica-intolerante>. Acesso em 31 de março de 2021.

dependências do Judiciário. Na ação pública, Dias lembra que, além de estarmos em um Estado laico, a administração pública deve zelar pelo atendimento aos princípios da impessoalidade, da moralidade e da imparcialidade, ou seja, garantir que todos sejam tratados de forma igualitária. O procurador entende, nesse sentido, que um símbolo religioso no local de atendimento público é mais que um objeto de decoração, mas pode ser sinal de predisposição a uma determinada fé. "Quando o Estado ostenta um símbolo religioso de uma determinada religião em uma repartição pública, está discriminando todas as demais ou mesmo quem não tem religião, afrontando o que diz a Constituição'"[6].

O tema vem sendo cada vez mais discutido e, a meu ver, está sendo objeto de uma interpretação equivocada por aqueles que desejam a retirada dos símbolos religiosos. O Estado é laico, isso é o óbvio, mas a laicidade não se expressa na eliminação dos símbolos religiosos, e sim na tolerância aos mesmos.

A resposta estatal ao cidadão queixoso, mencionado acima, não deveria ser uma ação civil pública, mas uma simples orientação, no sentido de que o país ter uma formação histórica-cultural cristã explica que haja na parede um crucifixo e que tal presença não importa em discriminação alguma. Ao contrário, o pensamento deletério a ser combatido é a intolerância religiosa, que se expressa quando alguém desrespeita ou se incomoda com a opção e o sentimento religioso alheios, o que inclui querer eliminar os símbolos religiosos.

Ao contrário do que entende o ilustre procurador mencionado, a medida não se limitará aos ambientes de atendimento ao público. O próximo passo será proibir também os símbolos na mesa de trabalho, seja porque o ambiente pertence ao serviço público, seja porque em tese poderia ofender algum colega que visualizasse o símbolo. No final, como se prenuncia no poema "No caminho, com Maiakóvski", o culto e devoção terão que ser feitos em sigilo, sempre sob a ameaça de que alguém poderá se ofender com a religião do próximo. Nesse passo, eu, protestante e avesso às imagens (é notório o debate entre protestantes e católicos a respeito das imagens esculpidas de

---

[6] Mauricio Stycer, repórter especial do *IG*. (N. E.)

santos), tive a ocasião de ver uma funcionária da Vara Federal, onde sou titular, colocar sobre sua mesa uma imagem de Nossa Senhora de Aparecida. A minha formação religiosa e jurídica, onde ressalto a predileção, magistério e cotidiano afeto ao Direito Constitucional, me levou a ver tal ato com respeito, vez que cada um escolhe sua linha religiosa. A imagem não me ofendeu, mas sim me alegrou por viver em um país onde há liberdade de culto. Igualmente, quando vejo o crucifixo com uma imagem de Jesus não me ofendo por (segundo minha linha religiosa) haver ali um ídolo, mas compreendo que em um país com maioria e história católica aquela imagem é natural. O crucifixo nas cortes, independentemente de haver uma religião que surgiu do crucificado, é uma salutar advertência sobre a responsabilidade dos tribunais, sobre os erros judiciários e sobre os riscos de os magistrados atenderem aos poderosos mais do que à Justiça.

Vale dizer que, se a medida for ser levada a sério, deveríamos também extinguir todos os feriados religiosos, mudar o nome de milhares de ruas e municípios e, *ad reductio absurdum*, demolir simbolos e imagens, a exemplo, que identificam muitas das cidades brasileiras, incluindo-se no cotidiano popular de homens e mulheres estratificados em variados segmentos religiosos. Ao meu sentir, as pessoas que tentam eliminar os símbolos religiosos têm, elas sim, dificuldade de entender e respeitar a diversidade religiosa. Então, valendo-se de uma interpretação parcial da laicidade do Estado, passam a querer eliminar todo e qualquer símbolo e, por consequência, manifestação de religiosidade. Isso sim é que é intolerância.

Embora cristãs, as doutrinas católicas diferem em muitos pontos do que eu creio, mas se foram católicos que começaram este país, parece-me mais que razoável respeitar que a influência de sua fé esteja cristalizada no país. Querer extrair tais símbolos não só afronta o direito dos católicos conviverem com o legado histórico que concederam a todos, como também a história de meu próprio país e, portanto, também minha. Em certo sentido, querer sustentar que o Estado é laico para retirar os santos e Cristos crucificados não deixaria de ser uma modalidade de oportunismo.

Todos se recordam do lamentável episódio em que um religioso mal-formado chutou uma imagem de Nossa Senhora na televisão. Se é errado chutar a imagem da santa, não é menos agressivo querer retirar todos os símbolos. Não chutar a santa, mas se valer do Estado para torná-la uma refugiada, uma proscrita, parece-me talvez até pior, pois tal viés ataca todos os símbolos de todas as religiões, menos uma. Sim, uma: a "não religião", e é aqui que reside meu principal argumento contra a moda de se atacar a presença de símbolos religiosos em locais públicos.

A recusa à existência de Deus, a qualquer religião ou forma de culto a uma divindade não é uma opção neutra, mas se transformou numa nova modalidade religiosa. Se por um lado temos um ateísmo como posição filosófica onde não se crê na(s) divindade(s), modernamente tem crescido uma vertente antiteísta. Para tentar definir melhor essa diferença, vale dizer que se discute se budistas e jainistas seriam ou não ateus, por não crerem em divindades além daquela representada pela própria pessoa ou grupo delas, no entanto jamais se discutiria se um budista é ou não antiteísta. É inegável reconhecer-se que esta nova vertente religiosa tem seus profetas, seus livros sagrados e dogmas. Como a maior parte das religiões, faz proselitismo, busca novos crentes (que nessa vertente de fé, são os "não crentes", *not believers*", os que optam por um credo que crê que não existe Deus algum).

É conhecida a campanha feita pelos ateus nos ônibus de Londres. A British Humanist Association colocou o anúncio "There's probably no God. Now stop worrying and enjoy your life" ("Provavelmente Deus não existe. Então, pare de se preocupar e aproveite sua vida") nas laterais de ônibus britânicos, ao lado dos tradicionais anúncios religiosos. Repare-se que o "provavelmente" demonstra educação, senso político ou cortesia, e que nos cartazes nos ônibus todas as letras estavam em caixa alta, eliminando a discussão sobre se deveriam escrever Deus com "D" ou "d". Mas nem todos os ateus são educados e cordatos, embora uma grande quantidade deles, grande maioria eu creio, o seja.

Assim como o protestantismo foi uma reação aos que não estavam satisfeitos com o catolicismo romano, o antiteísmo, ou ateísmo militante, que vemos hoje, é uma reação dos que estão insatisfeitos com a religião. Interessante perceber que esta linha de ateus é intolerante e, como foi historicamente comum em todas as religiões iniciantes ou pouco amadurecidas, mostrou-se virulenta e desrespeitosa no ataque às demais. Esta nova religião, a "não religião", ao invés de assumir o controle ou titularidade da representação divina, optou por entender que não existe Deus nenhum. Em certo sentido, ao eliminar a possibilidade de um ser superior, assumiu o homem como o ser superior. Aqui o homem que professa tal tipo de crença não é mais o representante de Deus, mas o próprio ser superior. Nesse passo, a nova religião tem outra penosa característica das religiões pouco amadurecidas, consistente na arrogância e prepotência de seus seguidores, apenas igualada pelo desprezo à capacidade intelectual dos que não seguem a mesma linha de pensamento.

Assim, enquanto existe um ateísmo que simplesmente não crê e que demonstra as razões disso em um ambiente de respeito e diversidade, vemos crescer também um outro ateísmo, agressivo, que não apenas não livrou o mundo dos males da religião, mas também passou a reprisá-los.

O principal profeta dessa religiosidade invertida (mas nem por isso deixando de ser uma manifestação religiosa) é Richard Dawkins, autor do livro *Deus, um Delírio*. Ele está envolvido, como qualquer profeta, na profusão de suas ideias, fazendo palestras e livros, concedendo entrevistas e fazendo suas "cruzadas". A Campanha *Out* (em inglês: *Out Campaign*) é uma iniciativa proselitista em favor do ateísmo, tendo até mesmo um símbolo, o "A" escarlate. A campanha atualmente produz camisetas, jaquetas, adesivos e broches vendidos pela loja *on-line*, e os fundos se destinam à Fundação Richard Dawkins para a Razão e a Ciência (RDFRS). Algo que não deixa de ser muito semelhante às campanhas financeiras típicas de outras manifestações de fé.

Como alguns profetas religiosos, Dawkins não poupa pessoas ilustres de credos concorrentes. Por exemplo, em seu livro, ele diz sobre Madre Teresa o seguinte:

> [...] Como uma mulher com um juízo tão vesgo pode ser levada a sério sobre qualquer assunto, quanto mais ser considerada seriamente merecedora de um Prêmio Nobel? Qualquer um que fique tentado a ser engambelado pela hipócrita Madre Teresa [...]

Naturalmente, entendo que Dawkins e seus seguidores têm todo o direito de pensarem e professarem qualquer fé, mesmo que seja a fé na inexistência de Deus e nos malefícios da religião. Contudo, só porque não creem em um Deus ou vários d'Eles, não estão menos sujeitos aos valores, princípios e leis que, se não nos obrigam à fraternidade, ao menos nos impõem a respeitosa tolerância. Outra coisa que não se pode é identificar em qualquer Deus ou símbolo religioso um inimigo e se tentar cooptar a laicidade do Estado para proteger sua própria linha de pensamento sobre o assunto religião.

A meu ver, discutir os símbolos religiosos é mais fácil do que enfrentar a distribuição de renda, a fome, injustiça e a desigualdade social. Não nego a importância do assunto, mas acharia cômico se não fosse trágico que as pessoas se ofendam com uma cruz o bastante para acionar o Estado e não o façam diante de outras situações evidentemente mais prementes. Talvez mexer com os religiosos seja mais simples, divertido e seguro, mas certamente não demonstra uma capacidade superior de escolher prioridades. Portanto, parece conveniente lembrar que católicos, judeus, evangélicos, espíritas e muçulmanos, e bom número de ateus também, gastam suas energias ajudando aos necessitados. Tenho a esperança de que nas discussões haja mais coerência e menos "pirotecnia" e "perfumaria" de quem discute o sexo, digo, a existência dos anjos em vez de enfrentar os verdadeiros problemas de um país que, salvo raras e desonrosas exceções, é palco de feliz tolerância religiosa.

A eliminação dos símbolos religiosos atende aos desejos de uma vertente religiosa perfeitamente identificada, e o Estado não pode optar por uma religião em detrimento de outras. A solução correta para a hipótese é tolerar e conviver com as diversas manifestações religiosas. Assim, os carros poderão continuar a falar em Jesus, Buda, Maomé, Allan Kardec ou São Jorge sem que ninguém deva se ofender com isso. Ou, se isso ocorrer, que ao menos não receba o beneplácito de um Estado que optou por ficar equidistante das inúmeras, infinitamente inúmeras, formas de se pensar o tema fé. Não ter fé e não apreciar símbolos religiosos é apenas uma delas, respeitabilíssima, mas apenas uma delas.

Por fim, acaso fosse possível ser feita uma opção, não poderia ser pela visão da "minoria", mas da "maioria". Talvez essa afirmação choque o leitor. Dizer que se for para optar, que seja pela "maioria" choca, pois o conceito de "respeito às minorias" já está razoavelmente assimilado. Mas também deveria chocar a ditadura da minoria, a tirania dos que se transformam em vítimas ao invés de evoluírem o suficiente para ver nos símbolos religiosos não uma ofensa, mas um direito, e entender que os que já estão por aí, nas ruas, repartições e monumentos são apenas uma consequência da nossa longa formação histórica e cultural.

Em suma, espero que deixem este crucifixo, tão católico apostólico romano quanto é, exatamente onde ele está. Excluir símbolos é fazer o Estado optar por quem não crê. A laicidade aceita todas as religiões ao invés de persegui-las ou tentar reduzi-las a espaços privados, como se o espaço público fosse privilégio ou propriedade de quem se incomoda com a fé alheia. Eu, protestante e empedernidamente avesso às imagens esculpidas, as verei nas repartições públicas e saudarei aos católicos, que começaram tudo, à liberdade de culto e de religião, à formação histórica desse país e, mais que tudo, ao fato de viver num Estado laico, onde não sou obrigado a me curvar às imagens, mas jamais seria honesto (ou laico, ou cristão, ou jurídico) me incomodar com o fato de elas estarem ali.

Invasão a terreiros e terrorismo

Serenidade em meio a Tempos Difíceis[7]

Vivemos tempos difíceis e é justamente neles que mais precisamos de serenidade e decisões e ações sábias. Fruto de várias crises, desde a ética até a econômica, de desafios extremos do nosso país e da polarização além do razoável, os nervos estão à flor da pele, e a capacidade de diálogo e respeito à diversidade estão fragilizados. Em meio a esse caos, temos a oportunidade de nos unir ao redor de alguns valores que devem permanecer acima das divergências políticas, ideológicas e de religião.

É hora de unir, pacificar, conversar, encontrar pontos em comum, conviver. E isso só se consegue com a disposição coletiva de coexistência e a adoção de medidas firmes em prol dos valores eleitos. Isso demanda o respeito a algumas linhas gerais às quais todos devem se submeter, concor-

---

[7] Este artigo foi escrito pelo Dr. William Douglas em parceria com Dr. Rogério Greco, jurista e ex-procurador de justiça do estado de Minas Gerais. (N. E.)

dem com elas ou não. A proteção aos direitos do diferente, do alheio e até do adversário, e a crítica leal e firme aos erros de correligionários e parecidos são forças éticas e civilizadoras indispensáveis em tempos como os que atravessamos.

A democracia demanda, entre outras providências e garantias, a capacidade de tolerância religiosa e de respeito ao sagrado alheio. Esse respeito tem que ter por base a Constituição e a lei, os direitos humanos, e não o critério pessoal de um ou outro cidadão. Nesse passo, a lei é uma das melhores referências. Afinal, com todos os seus defeitos e virtudes, temos décadas de legisladores democraticamente eleitos. Do debate e das votações, dos acordos e concessões, a verdade é que os 513 deputados e os 81 senadores representam toda a diversidade que caracteriza o Brasil, e o produto do Congresso Nacional ainda é o melhor ponto de partida para regular os conflitos e as regras gerais de convivência. Se cada grupo se achar no direito de ignorar a lei naquilo que ela não lhe agrada, a sociedade perderá um excelente vetor de pacificação. Os insatisfeitos devem buscar a alteração da lei ou, quando menos, seu questionamento pelas vias judiciais. Se cada um só cumpre as leis quando quer, não existe mais lei e resta a barbárie.

Ninguém pode pretender cumprir só a parte com que concorda, ou alterar unilateralmente a Constituição, as leis ou os direitos próprios ou de outrem. É necessária a capacidade de ouvir o diferente e rechaçar a desvairada e antidemocrática pretensão de reduzir a liberdade daquele que pensa, reza ou sente diferente.

A Pior Manifestação Atual de Intolerância

A pior intolerância que enfrentamos atualmente, posto que física, está sendo sofrida pelos cultos de matriz africana que, no Rio de Janeiro, estão sofrendo invasões e destruição de locais de cerimônia e de seus símbolos religiosos. Chegamos ao ponto da proibição, por traficantes ditos evangélicos, de uso de roupas brancas. Digo "ditos" pois obviamente a conversão forçada, ou mesmo o silêncio forçado, estão frontalmente contra os ensinos de Jesus Cristo. Estas ações são criminosas e precisam receber firme e imediata resposta do Estado e da sociedade, o que envolve, além da investigação, processo e punição dos autores, o repúdio geral.

Entre as explicações para esse fenômeno está a interpretação equivocada de traficantes que, tendo mãe ou avó evangélica, buscam proteção mística para suas ações criminosas, demonstrando algum tipo de "lealdade" à divindade. A falta de educação religiosa nas escolas e nas próprias igrejas colabora com isso. Outra explicação, ainda mais repudiável, está na ação de pastores que acabam se tornando "sócios" de traficantes. Historicamente, a ação normal de religiosos diante de criminosos sempre foi propor arrependimento e abandono do crime, colaborar com a mudança de vida e não, como surgiu nesse caso, em associação para "benzer" o erro e se locupletar dele.

Espera-se que as mães e avós, e os pastores delas, consigam chegar aos filhos e netos, para que deixem de praticar crimes e, mesmo que isso não ocorra, não pratiquem intolerância com os seguidores de outras religiões. Espera-se que esses pastores mal orientados sejam alcançados por outros que possam trazê-los à realidade não só da legislação do país, mas também do livro que veneram, a Bíblia. Aos que não sabem, as Escrituras dizem claramente a forma de lidar com o proselitismo e a diversidade: "*Não por força, nem por violência, mas pelo meu Espírito, diz o Senhor*" (Zacarias 4:6 NVI).

Intolerâncias

Concomitantemente com essas críticas, não podemos deixar de registrar que a intolerância não é prática apenas desses mal orientados evangélicos. Infelizmente, vemos alguns praticantes de todas as religiões incidirem nesses erros, igualmente cometidos por regimes e cidadãos ateístas. Fraudes, abusos e violência não são monopólio de nenhum grupo.

Infelizmente, alguns praticantes das mais diversas religiões, alguns regimes ateus e alguns ateístas, alguns ambientalistas, algumas feministas, alguns veganos, alguns direitistas e alguns esquerdistas ainda não foram capazes de compreender que não podem impor suas ideias à força. Os exemplos mostram que lamentavelmente a intolerância é um fenômeno com representantes em todos os grupos sociais, mostrando-se não um fenômeno meramente religioso, ideológico ou político, mas, acima de tudo, humano. Seja como for, precisamos enfrentar esses radicais e, no caso concreto, enfrentar os ataques a terreiros de umbanda e candomblé.

Uma abordagem honesta do tema deve frisar a emergência de medidas contra esses ataques, mas não pode fechar os olhos para outras perseguições que ocorrem. Igualmente, não se pode justificar um erro com outro: o fato de haver algumas não torna aceitáveis outras, não revoga a Constituição, nem dois erros criam um acerto.

Ao analisar os diversos casos, precisamos também distinguir hipóteses de invasões que não são por motivo religioso, mas mera ocupação de terra, e pessoas interessadas em falar mal dos evangélicos colocam tudo no mesmo saco. Em todos os espaços, desde o humor até os locais de culto, precisamos aprender a respeitar o sagrado do outro, seja ele um cristão ou um umbandista.

Respeitar a religião e o sagrado do outro, os locais e símbolos religiosos alheios é um desafio a ser vencido, o qual passa até mesmo pelos taxistas e motoristas de Uber não se recusarem a transportar pessoas usando trajes religiosos, e por intelectuais não debocharem dos humildes de gravatas e ternos simples portando uma Bíblia na mão, talvez achando que os títulos acadêmicos os tornam mais cidadãos ou portadores de direitos do que os mais pobres, qualquer que seja sua fé.

A proteção à liberdade religiosa não tem como requisito que a visão religiosa de um esteja sujeita ao crivo intelectual ou religioso de outro. Os únicos limites são a Constituição e a lei. Não há liberdade religiosa que permita, por exemplo, o sacrifício de crianças ou a invasão de locais de culto alheio. Esses são exemplos de crime e têm que ser combatidos. Porém, tirando essas hipóteses mais absurdas, você não pode concordar com proteção da liberdade religiosa apenas de um grupo e não de outros. Assim, ao lado das inaceitáveis invasões de terreiros, o óbvio ululante, temos de lembrar que igrejas católicas têm sido vandalizadas por algumas feministas radicais, que as imagens católicas foram objeto de vilipêndio por um bispo da Igreja Universal do Reino de Deus (e foi objeto de justo repúdio) e por ativistas LGBT (sem que o repúdio fosse o mesmo). Espero que todos esses vandalismos, contra a umbanda, contra o candomblé e contra os católicos, sejam igualmente repudiados.

Invasão a Terreiros e Terrorismo

O senso comum é um importante referencial para todos e nele não há qualquer dúvida de que o que está acontecendo pode ser chamado de terrorismo. Nesse passo, é útil fazer menção à Comissão de Combate à Intolerância Religiosa (CCIR), que informa grande aumento nas denúncias de intolerância. Segundo ela, até setembro de 2019, 176 terreiros fecharam após ataques de fanáticos ou ameaças de traficantes. O Disque 100 do Ministério dos Direitos Humanos também revela substancial aumento dos casos de intolerância religiosa. A situação é, sem dúvida, de terror.

O lado frustrante da análise jurídica da questão é que a Lei Antiterrorismo, Lei nº 13.260/2016, ao nosso sentir, não permite essa classificação. Como demonstraremos adiante, a descrição dos fatos está mais próxima do enquadramento na Lei Contra o Genocídio. Por mais que se queira combater o crime, não é viável imputar crime sem que haja tipicidade, ou seja, sem que a conduta do agente se encaixe perfeitamente na descrição legal. Então, embora os atos tragam à mente a definição popular e genérica de terrorismo, a lei que melhor se encaixa é, nesse momento, a de nº 2.889/1956, que define e pune o crime de genocídio. Senão, vejamos.

A definição de terrorismo está no art. 2º da Lei nº 13.260, que estabelece que o terrorismo consiste na prática por um ou mais indivíduos dos atos previstos neste artigo, por razões de xenofobia, discriminação ou preconceito de raça, cor, etnia e religião, quando cometidos com a finalidade de provocar terror social ou generalizado, expondo a perigo pessoa, patrimônio, a paz pública ou a incolumidade pública.

Entre as razões necessárias para se classificar alguma conduta como terrorismo está listado o preconceito de religião. O problema é que para haver crime de terrorismo é preciso que ocorra a prática de algum dos "atos de terrorismo" descritos na lei. Obviamente, podemos enquadrar os atos em invasão de domicílio, dano, ameaça, todos previstos no Código Penal. Contudo, a hipótese de invasão de terreiros não está listada como caso de "atos de terrorismo" no §1 do art. 2º da Lei nº 13.260/2016.

O inciso mais próximo da descrição dos fatos é o 4, que descreve sabotagem ou apoderamento, com violência, grave ameaça à pessoa, do controle total ou parcial, ainda que de modo temporário, de determinados espaços. Infelizmente, a lei menciona, entre outros, portos, aeroportos, estações ferroviárias ou rodoviárias, hospitais, casas de saúde, escolas, estádios esportivos e até instituições bancárias e sua rede de atendimento, mas não menciona templos e espaços religiosos.

A invasão de terreiros se encaixa melhor, ao menos no momento, na lei que define e pune o genocídio. Com efeito, esta lei descreve a prática de determinados atos "com a intenção de destruir, no todo ou em parte, grupo nacional, étnico, racial ou religioso" (art. 1º da Lei nº 2.889/1956). E nas hipóteses que relaciona, insere-se "causar lesão grave à integridade física ou mental de membros do grupo" (art. 1º, *b*) e "submeter intencionalmente o grupo a condições de existência capazes de ocasionar-lhe a destruição física total ou parcial" (alínea *c*). Assim, embora entendamos que o termo "terrorismo" descreve muito melhor o que está ocorrendo do que "genocídio", os tipos penais caminham em sentido oposto. Entre as consequências mais marcantes da classificação distinta estão as penas previstas, abissalmente mais leves em caso de genocídio, e a competência para julgamento, que é federal no caso de terrorismo.

Propostas de Solução

Cumpre ainda dizer que no Estado do Rio de Janeiro temos a Delegacia de Crimes Raciais e Delitos de Intolerância (Decradi), órgão público criado na estrutura da Polícia Civil e que tem prestado dedicados e relevantes serviços. Seu titular, delegado Gilbert Stivanello, vem conduzindo investigações que já identificaram alguns dos responsáveis por esses ataques, contra os quais já existem mandados de prisão. No entanto, como ele mesmo alerta, por serem traficantes, não lhes faltam mandados de prisão anteriores, por outros delitos. Dessa forma, embora ainda não tenhamos debelado o problema, o Estado está investigando e procurando prender os infratores. Nesse mesmo passo, a ministra Damares Alves já fez diversas manifestações públicas, revelando o repúdio do Ministério dos Direitos Humanos em relação aos ataques. O primeiro articulista[8], na qualidade de cidadão e de membro da Educafro, OSCIP católica que busca a inclusão social e racial, já teve a opor-

---

[8] No caso, Dr. Willian Douglas. (N. E.)

tunidade de fazer reuniões em Brasília, justamente para buscar maior eficiência nesse combate.

O posicionamento do Ministério dos Direitos Humanos, aqui aplaudido, passa por medida concreta adotada, qual seja a iniciativa de propor ao Congresso Nacional modificação legislativa consistente em incluir os templos religiosos no rol dos lugares protegidos contra terrorismo. Assim, o senso comum será refletido na legislação, fornecendo às autoridades maiores instrumentos para combater essa nova e absolutamente inaceitável prática. A pena para o terrorismo é reclusão, de doze a trinta anos, além das sanções correspondentes à ameaça ou à violência. Outra ferramenta é a prisão temporária, que é cabível para casos de terrorismo (Lei nº 7.960/1989, art. 1º, III, *p*).

Temos que eliminar no nascedouro as invasões a terreiros. Elas não podem se tornar apenas mais um delito que a sociedade enfrenta, como é o caso do próprio tráfico, da corrupção e da violência. É preciso encerrar definitivamente essa "novidade", e isso se faz com a punição exemplar dos autores e a divulgação disso, desestimulando a prática dessa modalidade de infração penal.

Entendemos que a classificação como terrorismo, que depende da modificação legislativa proposta pelo Ministério dos Direitos Humanos, terá a virtude de direcionar contra estes criminosos não só a força da Polícia Civil, em especial diante dos crimes de tráfico, mas também somar a ela, em atuação concomitante, a força da Polícia Federal. Como, embora praticados pelas mesmas pessoas, as invasões a terreiros não são relacionadas diretamente ao tráfico, entendemos que não existe atração de competência, mas sim a concorrência de crimes diferentes, julgados por ramos diferentes do Poder Judiciário. Cremos que este fator, a soma de duas polícias (cada qual para os crimes de sua respectiva competência), será mais um fator inibitório. Se um mandado de prisão a mais pode não fazer tanta diferença, a soma de mandados de ramos diferentes do Judiciário pode causar maior dissuasão. E mais força pública para tirar de circulação tais criminosos.

Entendemos também que, quando se combate com sucesso algum tipo de intolerância, qualquer que seja ela, um dos resultados mais preciosos é o impacto na cultura. Assim, cremos que a união da sociedade contra a intolerância religiosa pode trazer não só o necessário e urgente basta ao problema, mas também benefícios gerais.

A título de informação, compartilhamos a notícia, fruto de pesquisa do dr. Gilbert Stivanello, de que as ocorrências da Decradi assim se dividem: 39%, homofobia; 28%, racismo; 27%, intolerância religiosa; 6%, xenofobia ou preconceito de origem geográfica nacional. Estas são as notícias que chegam a essa delegacia, não necessariamente o percentual de ocorrência na vida real, pois em um ou outro caso pode haver subnotificação, decorrente de diversos fatores.

Em relação ao corte entre racismo e intolerância religiosa, os articulistas acrescentam que não se deve confundir as figuras. Elas podem existir de forma autônoma, enquanto noutras vezes o preconceito se mistura. Em nossa experiência, temos visto que alguns racistas não estão preocupados com a religião do negro, ofendendo, ironizando, atacando e desprezando, dentro de seus espaços, tanto praticantes da umbanda e candomblé quanto cristãos evangélicos.

Entre as soluções para o problema específico das invasões a terreiros, relacionamos:

- *(a)* reforço da equipe e dos meios de trabalho da Decradi/RJ, que vem fazendo ótimo trabalho dentro de sua área de atuação;
- *(b)* atuação firme e rápida do Congresso Nacional, acatando a modificação legislativa proposta pelo MDH, incluindo-a no rol do inciso IV do §1 do art. 2º da Lei nº 13.260/2016, que define atos de terrorismo em "quaisquer templos ou espaços religiosos", o que abarcará não só os terreiros, mas obviamente também centros espíritas, sinagogas, mesquitas e igrejas de todos os credos;
- (c) realização de investigações para identificar eventuais líderes religiosos que estejam incentivando ou participando destes atos, vedando-lhes acesso a presídios, sem prejuízo das demais consequências legais de seus atos;
- *(d)* realização de campanhas públicas educativas em prol do respeito ao sagrado alheio;
- *(e)* colaboração dos meios de comunicação, igrejas, líderes religiosos e da própria população, inclusive mediante uso das redes sociais, no sentido de dar a maior publicidade possível ao repúdio e ao combate às invasões.

A divulgação pública da pena do terrorismo, doze anos de reclusão, terá forte efeito dissuasório, assim como a notícia da cumulação de mais um ramo da polícia nas investigações e persecução penal.

Conclusão

Ao contrário do que alguns possam imaginar, os temas das invasões a terreiros, da modificação legislativa proposta e do art. 208 do Código Penal não são religiosos. Esses são assuntos laicos. O Estado laico não é aquele que expulsa a religião do espaço público (isso é o laicismo francês, ou Estado confessional ateu), mas sim aquele que respeita e convive com todas as manifestações religiosas e com o ateísmo.

Proteger o sagrado, a liberdade religiosa e o respeito ao sentimento religioso é um assunto de direitos humanos. Nesse passo, vale citar o art. 18 da Declaração Universal dos Direitos Humanos:

> Todos os seres humanos têm direito à liberdade de pensamento, consciência e religião; este direito inclui a liberdade de mudar de religião ou crença e a liberdade de manifestar essa religião ou crença, pelo ensino, pela prática, pelo culto e pela observância, isolada ou coletivamente, em público ou em particular.

Estamos, portanto, diante de tema de Direito Constitucional e de um verdadeiro marco civilizatório.

Dentro do tema do respeito ao sagrado alheio, a Associação Nacional dos Juristas Islâmicos (Anaji) publicou nota repudiando o escárnio praticado pelo grupo Porta dos Fundos, o qual, abusando da liberdade de expressão e violando o art. 208 do Código Penal, desrespeitou figuras sagradas para a imensa maioria do povo brasileiro. O art. 208 do Código Penal não existe para proteger qualquer divindade, mas sim o sentimento religioso do cidadão. É um que protege a todos. É a lei. E felizmente vimos cidadãos de outra religião se incomodarem com o desrespeito ao sagrado do outro.

Quando o assunto é o desrespeito ao sagrado praticado nas invasões a terreiros, esse mesmo sentimento cívico e de repúdio tem sido compartilhado por católicos, evangélicos e diversos outros grupos, espíritas, judeus, islâmicos, ateístas, etc. Queremos crer que esse sentimento de respeito ao sagrado alheio consiga prevalecer, de forma que recebam repúdio desde os mais simbólicos, como a ironia e deboche em momentos de festas religiosas, até os casos fisicamente mais graves, como as invasões a espaços religiosos.

Esperamos que a sociedade se una para que a liberdade religiosa e o sagrado do outro sejam respeitados. Cremos que o passo mais imediato aqui seja a modificação da lei, mas que não fiquemos apenas aí. É preciso, em especial com a educação e, se preciso, com a repressão, mudar a cultura para que todos sejam respeitados.

Vamos colocar um ponto final, de forma rápida, firme e exemplar, nas invasões a terreiros. Vamos começar logo, e pelo mais urgente. E vamos estabelecer esse marco: o sentimento e o sagrado alheio precisam ser respeitados.

Abuso de poder religioso?[9]

A tese do abuso religioso é eivada de uma visão equivocada, que tenta excluir as pessoas de fé do debate público. O Estado é laico, não laicista. Não é possível excluir da discussão política quem tem e assume a fé.

O caso comprova que até os mais eruditos e brilhantes juristas, como é o ministro Fachin, podem se equivocar. O crime de abuso de autoridade religiosa afronta a Constituição, que tem como um de seus fundamentos, no art. 1º, o pluralismo político e inclui, entre os direitos e garantias individuais, no art. 5º, que ninguém será privado de direitos por motivo de crença religiosa ou de convicção filosófica ou política. A Carta também veda, no art. 19, que o Poder Público crie distinções entre brasileiros ou preferências entre si.

---

[9] Cf. <https://oglobo.globo.com/opiniao/ate-quando-vamos-tolerar-intolerancia-20979324>. Acesso em 01 de dezembro de 2021.

A tese do abuso religioso é eivada de uma visão equivocada, que tenta excluir as pessoas de fé do debate público. O Estado é laico, não laicista. Não é possível excluir da discussão política quem tem e assume a fé. O próprio TSE, ao julgar o Recurso Ordinário 265.308, em 2017, decidiu que a Constituição e as leis eleitorais não contemplam a figura do abuso do poder religioso porque o Congresso jamais criou essa figura. Se o Judiciário criasse esse crime eleitoral, haveria um ativismo inaceitável, com mais uma invasão das competências do Legislativo; além do desrespeito ao texto constitucional.

A tipificação do ilícito eleitoral em face somente dos religiosos também seria flagrante discriminação, uma perseguição religiosa. Não há debates dessa natureza sobre outros setores. Ainda que possa haver excessos e até coação psicológica para direcionar os votos em outros nichos, não está posta a hipótese de criar, por exemplo, o crime de abuso de poder ambientalista, ruralista ou sindicalista.

Nessas situações, a influência é considerada legítima, como o simples exercício da liberdade de pensamento. Religiosos não poderiam falar sobre política porque são imaturos ou incapazes de abordar temas complexos e fundamentais para o país? Isso chega a soar ofensivo.

A coação moral de natureza eleitoreira é muito mais frequente em universidades e em *shows* multitudinários do que nas igrejas. O Estado Democrático de Direito não admite tratamento diferente para liberais e conservadores, sindicatos e igrejas, artistas e ministros religiosos. Isso, sim, configuraria um Estado fascista.

Michael Sandel, professor de Harvard, observou que pessoas encaram a disputa política a partir das visões de mundo e, legitimamente, alguns cidadãos formam convicções a partir da religião. Para ele, pedir aos cidadãos que abandonem as convicções morais e religiosas ao entrar na esfera pública democrática evidencia falsa neutralidade.

O próprio Supremo Tribunal Federal, no julgamento da Arguição de Descumprimento de Preceito Fundamental (ADPF) 548, garantiu a livre manifestação de ideias em universidades durante período eleitoral, cassando atos que proibiam o debate no ambiente acadêmico. Estudantes e professores universitários têm mais direitos do que os religiosos que não participam da academia? A fé faz de alguém cidadão de segunda classe?

Só quem se submeteu ao crivo do voto popular pode criar normas gerais. Por isso, é antidemocrático o TSE legislar. Mesmo os 11 ministros do STF, ainda que bem-intencionados, não podem ocupar o lugar de 513 deputados federais e de 81 senadores. No Congresso há negociação, debate e uma representatividade social que inexiste no Judiciário. Há também mandatos, que garantem maior respeito ao povo.

Por fim, há controle posterior, o que garante o equilíbrio dos Poderes e a chance de correção de eventuais erros, inclusive pelo STF. Quando os juízes legislam, aí sim temos abuso de autoridade.

Os limites eleitorais, obviamente, devem ser respeitados. É preciso coibir as propagandas irregulares dentro dos templos, os eventuais abusos de poder econômico e de meios de comunicação, quando usados pela religião. Mas isso deve ser feito dentro das regras eleitorais, não com a criação de um tipo específico que resultará apenas em criminalização da fé.

O voto do Ministro Fachin parece suscitar a velha e ultrapassada afirmação de que política e religião não se misturam. O Judiciário não pode criar lei nem impor discriminações que terminariam por perseguir os valores religiosos. Isso violaria a Constituição e o art.18 da Declaração Universal dos Direitos Humanos. Esperamos, respeitosamente, que o TSE não queira tornar lei essa tese equivocada.

O cristão e a política

Seguem algumas anotações da minha pregação na Igreja Evangélica Assembleia de Deus no Amazonas, em Manaus.

1. Cristãos devem respeitar, honrar e orar pelas autoridades (Romanos 13). A crítica leal e respeitosa a eventuais erros é bíblica; a rebelião e a violência, não;

2. Antes de se olhar/reclamar sobre o outro é preciso avaliar se estamos fazendo nossa parte (Mateus 5). Não se deve querer "tirar o cisco do olho alheio antes de tirar a trave de nosso próprio olho" (Jesus);

3. O cristão é alguém que foi transformado e está em processo de transformação. Salvo pela graça, deve ter humildade. O cristão também é agente de transformação para melhorar o país, o que tem duas grandes vertentes;

4. A primeira vertente é a transformação pessoal. Zaqueu era servidor público corrupto que abandonou esta prática, confessou seus erros e devolveu o que roubou (Lucas 19). Afastar-se e combater a corrupção é dever não só cívico, mas também religioso;

5. A segunda vertente é a transformação cultural. Exemplo: na Índia, as viúvas deixaram de ser queimadas com seus falecidos maridos por influência de William Carey. A cultura de morte, de violência, de estupro, opressão ou similar devem ser combatidas pelas vias legais e democráticas;

6. A leitura e prática cotidiana da *Bíblia* são indispensáveis ao cristão. Ser cristão é uma decisão pessoal e voluntária, mas para quem deseja ser cristão a obediência às Escrituras não é opcional, mas obrigatória;

7. O cristão deve ser bom profissional e cidadão (Mateus 5.16). Deve ser exemplo de boa conduta;

8. O cristão deve buscar a paz e a prosperidade da cidade (Jeremias 29);

9. O cristão pode e deve exercer sua cidadania (Atos 22.25);

10. Estado laico é aquele que não tem religião oficial nem ateísmo oficial, mas que respeita todas as orientações religiosas;

11. Estado laico não é estado ateu, nem antirreligioso nem laicista (secularismo francês). O Brasil é laico (preâmbulo e art 5 da Constituição);

12. A pretensão de excluir a religião do espaço público não é "estado laico", mas "laicista". Logo, é equivocada a busca por expulsar a religião da política ou dos espaços públicos. O único cuidado é respeitar a todos;

13. Não se pode negar às maiorias direitos que são assegurados às minorias. Não pode haver "ditadura da minoria";

14. "Religião e política não se misturam" é uma expressão autoritária, pois essa decisão (misturar ou não) é escolha de cada cidadão e de cada religioso, não podendo ser usada como estratégia de cerceamento dos direitos civis. Se um cidadão quer misturar política com religião, futebol, ideologia, cor, gênero ou o que bem entender, isso é um direito de cada um;

15. Ao se tornar maioria, os cristãos devem zelar para não se tornarem opressores, até por terem 2000 de experiência como vítimas de perseguição religiosa. Vale lembrar que Jesus propôs o estado laico e a liberdade religiosa ("A César o que é de César");

16. O cristianismo, historicamente, foi precursor dos direitos humanos e da proteção e respeito à mulher, órfãos, viúvas e deficientes. Do perdão em lugar da vingança e do amor em lugar do ódio. Provérbios 31:8,9 e Mateus 5, 6 e 7;

17. O cristão, enquanto cidadão, tem o direito de participar da política e do governo. Pode e deve defender seus valores e deve respeitar a laicidade do Estado;

18. O art. 18 da Declaração Universal dos Direitos Humanos deve ser conhecido e respeitado em relação a teístas e ateus, e a todas as diversas formas de manifestação religiosa;

19. Com todos os defeitos existentes, a comparação com outras sociedades mostra que a cosmovisão cristã abriu espaço para a mulher, para o combate às desigualdades, para a educação para todos e para a democracia. O legado de liberdades civis trazidos pela cosmovisão cristã deveria ser reconhecido e respeitado;

20. Em resumo, o cristão deve obedecer a *Bíblia* e ser um bom cidadão, pacífico, honesto, trabalhador, solidário e respeitador da autoridade e dos direitos dos outros.

Terra de decepções e homicídio digital

As pessoas estão se decepcionando de modo muito fácil. E praticando homicídio digital. Você diz algo que não as agrada e imediatamente elas dizem "estou decepcionada, estou deixando de seguir você". Pronto, está morta mais uma relação, mais um diálogo. Vivemos tempos de flocos de neve assassinos, de chacinas virtuais.

A impressão que tenho é que as pessoas querem conviver apenas com seus clones. Basta uma opinião distinta, uma tênue discordância e a convivência se torna insuportável. Eu me pergunto: Como tais pessoas poderão se casar com alguém? Ter chefes, colegas ou subordinados? Construir amizades duradouras?

Pior: como essas pessoas serão capazes... "ops", não; como você, leitor, será capaz de construir uma sociedade plural e democrática, tolerante e próspera, se não conseguir conviver com o diferente? Meu alerta é para que você não entre nessa espiral de intolerância e "des-diálogo". Vamos evitar que, por ver todo dia, e por sofrer vários homicídios virtuais, por alguma falta de atenção (nessa correria que vivemos), o leitor também saia defenestrando o portador de qualquer diferença maior que dois milímetros.

Vivemos tempos de guetos e ostracismos, de "in-conversas" e de "des--encontros". O mais assustador é que as "bolhas" produzem radicais, tolices, asneiras e intolerâncias graves. Você tome cuidado se for alguém de esquerda, ou de direita, ou contra, ou a favor, ou do PT, ou PSL, ou PSOL ou DEM, que só ouve, conversa, lê, dialoga com iguais. Eis o que está acontecendo: um mais radical fala uma imbecilidade atroz e não aparece quem diga que não é bem assim. Primeiro, pois o juízo crítico de quem está dentro da bolha é menor, segundo porque aquele menos radical que percebe a tolice não quer ser extraditado ou excomungado. Se na bolha mais parecida ele já não se encaixa, imagina como seria pretender sentar à mesa na bolha do lado?!

Explico melhor. Ouça o que diz José Saramago: "É preciso sair da ilha para ver a ilha. Não nos vemos se não saímos de nós". Precisamos do diferente para nos checar, para validarmos nosso discurso. O diferente, ao discordar e argumentar, permite-nos corrigir, reafirmar ou até mudar opiniões. Na maior parte das vezes, serve para melhorar nossos argumentos e podar nossos excessos. As pessoas de fora de nossas bolhas nos mostram coisas que não conseguimos ver num primeiro momento. Uma das técnicas que uso para melhorar meus artigos é passar para uma amiga assembleana e outra ateia, para um amigo de esquerda e outro de direita. Eles me protegem de mim mesmo. E estou vendo que nossa sociedade, em lugar de pessoas que se protegem de si mesmas, vem escolhendo se proteger do outro, do próximo, justamente aquele que poderia tornar nossa visão mais serena e acurada.

A coisa anda tão grave que não ter bolha é motivo de ofensa. Falei em outra ocasião, e repito: "isentão" e "em cima do muro" estão entre as novas ofensas tradicionalmente dirigidas aos moderados, aos que conversam com todos, aos que estão tentando transitar e dialogar com todos.

Perdoe-me por repetir, mas Gandhi afirmou que a verdade tem ao menos sete lados. A sabedoria chinesa nos alerta que ninguém pode ver todos os lados de uma pedra por menor que ela seja. Precisamos de outros pontos de vista, de outros ângulos de visada, e estamos em tempos nos quais as pessoas estão assassinando qualquer um que diste dela alguns poucos metros.

Precisamos parar de nos decepcionar tão facilmente com o outro. Ninguém é nosso clone. Precisamos transitar pelas bolhas. Temos que sair das nossas, assim como nelas receber bem aquele não tão enquadradinho no nosso modo de ver o mundo. Precisamos lembrar que algumas pessoas nos agradarão em quase tudo, mas sempre vai haver um cantinho daquela alma que nos incomoda, uma visão que nos incinera, uma opinião desagradável aos nossos ouvidos. E precisaremos aprender a lidar com isso.

Precisamos da disciplina de ouvir aquele que pensa diferente, tão diferente que até nos incomoda. Ele pode nos salvar de nós mesmos, e juntos poderemos salvar a nós todos do naufrágio da civilidade. É como diz Martin Luther King Jr., pastor batista, negro e norte-americano: "Temos de aprender a viver como irmãos, ou morreremos todos como loucos".

Quando se decepciona facilmente com as diferenças alheias, entenda: deveria se decepcionar primeiro com sua própria incapacidade de tolerância e convivência. Quando pratica homicídio virtual e deixa de seguir alguém só porque não gosta disso ou daquilo, talvez não saiba, mas não é bem um homicídio. Você está matando seu próprio crescimento, sua disciplina, sua capacidade de coexistir, sua chance de se aperfeiçoar, senão na sua opinião, ao menos, no exercício do diálogo. Logo, não é bem um homicídio. Suicídio é o nome disso.

Discurso de violência

Amigos, não dá certo quem forma os jovens e os formadores de opinião adotarem esse discurso de "eu compreendo". O resultado desse discurso é a abertura de portas para este comportamento nocivo a todos.

Quem forma jovens e quem forma opinião presta um desserviço com esse discurso.

Esse comportamento é ruim para todos, para a sociedade e para o próprio jovem que se entrega a essa prática. Temos que ensinar que violência é inaceitável. Simples assim.

Está com problemas? Peça ajuda, procure canais lícitos para processar e administrar sua raiva, traumas, etc.

E a pessoa do outro lado? E quem é vítima da violência?

Que W&#%@ é essa de abrir espaço, mínimo que seja, para algum insatisfeito com a vida sair atacando pessoas e propriedade alheia? Atacando pessoas inocentes?

Vocês precisam interromper essa contemporização e essa relativização, pois ela incentiva atitudes como estas.

Parem com isso.

O discurso tem que ser: ninguém pode usar de violência para resolver seus problemas.

Não se pode cometer crime para protestar, desabafar, etc. Por favor, ensinem isso, repitam isso: ninguém pode sofrer violência ou perder liberdades, bens ou o que for, sem o devido processo legal, sem formalidades, sem acusação, sem direito de defesa, contraditório, juiz imparcial e direito a recurso.

De onde alguém pode admitir que um jovem qualquer saia agredindo ou depredando?

Parem com o discurso do "eu compreendo" e comecem a dizer que violência não é meio de resolver nada.

Quem ensina que "dependendo do que você sente, você pode cometer crimes" presta um desserviço à coletividade.

Pior: presta um desserviço ao jovem que ouve isso, pois ele irá externar suas frustrações de modo errado, podendo ser preso e processado. Podendo receber um tiro ou coisa assim.

Além disso, algo muito ruim: ele não vai buscar as formas legais e legítimas de se curar. Pauta se faz ser ouvida sem violência.

Exemplos: Gandhi e Martin Luther King Jr.

Tem que acabar o discurso de "aceitar violência" aqui ou ali.

Isso abre as portas do inferno. Se alguém não tem que respeitar a lei, se alguém pode achar que seus motivos justificam violência, então qualquer um poderá fazer isso. Logo, todos estarão legitimados a praticar crime e violência.

Não existe "ódio do bem".

Não ensinem isso, não abram espaço para isso. Se você disser que "dependendo, pode", muitas pessoas irão para o caminho errado.

E você será corresponsável pela violência que ocorrer.

Regras de conversa, democracia e bom senso

Aos que se interessam pelo tema:

a) Esclarecimentos sobre as regras da conversa;
b). Algumas dicas de democracia e bom senso.

a) Regras da conversa

A discussão aqui será educada, civilizada, sem ofensas e adjetivos. Todo mundo se respeitando. Quem não souber conversar desse jeito, não desça para o parquinho. Gentileza gera gentileza. Você é bem-vindo e sua opinião apreciada, está aqui porque quer… mas para participar, por favor siga as regras.

b) Dicas de bom senso e democracia

1. Quem não sabe a diferença entre laico e laicista, por favor, pesquise;
2. Quem não sabe que acusar sem provas é errado, aprenda;
3. Quem não consegue ver ofensas e desrespeitos a quem pensa diferente de si, que cresça um pouco e tire as escamas dos olhos;
4. Quem não leu o art. 208 do Código Penal, sugiro a leitura;
5. Quem apoia violência, entenda: ela não é a solução para nada;
6. Já que é pra discutir o tema: não presuma o que o outro pensa, leia o texto. Se tiver dúvidas, pergunte;
7. Gostar de argumentos salvará o mundo. Quem quiser comunicar ironia e palavras soltas sem sentido, por favor, contenha-se. A ideia aqui é conversar e pensar;
8. Não confunda liberdade de expressão com liberdade para falar qualquer coisa: use bem os direitos que te protegem. Calúnia é crime, difamação também, e por aí vai. Você é livre para falar, mas o que fala gera responsabilidade. Nenhum direito é absoluto;
9. Use o mesmo peso e a mesma medida para ateus e teístas, católicos e umbandistas, direita e esquerda, preto e branco;
10. Entenda que ninguém é dono da verdade e que em todos os grupamentos humanos existem gente de bem e gente ruim, pessoas boas e canalhas, honestos e desonestos. Respeite a diversidade e aprenda a coexistir com o diferente.

Curso rápido de conversação

Quando for conversar:

1. Deixe o outro falar. Não grite, cuspa ou vaie;
2. Ouça o outro. Preste atenção. Ouça para entender e não apenas para discordar;
3. De novo: não vaie, não cuspa, não grite palavras de ordem. Escute;
4. Não interrompa, não odeie. Escute;
5. "Calce os sapatos do outro", analise os fatos, provas e argumentos;
6. Não aceite nem use argumentos *ad hominem*, ofensas pessoais e generalizações;
7. Depois de ouvir e refletir, diga o que pensa usando serenidade, educação, fatos, dados, argumentos e sem achar que você, sua religião, partido, ideologia ou o que for é/são o(s) dono(s) da

verdade, ou que seu lado é o proprietário da ética/boa fé/verdade;

8. Não parta do equivocado princípio de que você sabe mais, ou é mais inteligente, que o outro, ou que seu argumento é melhor. Se for, vença com o argumento e não no grito, intimidando ou calando o outro;
9. Lembre-se: "a verdade tem ao menos sete lados" (Gandhi) e que por menor que seja uma pedra ninguém pode ver todos os seus lados;
10. Garantir o direito do outro se manifestar é garantir uma cultura onde você não será impedido de se manifestar;
11. Ouvir os outros e respeitar o direito de opinião e expressão democrático, pluralista, respeita a diversidade, etc. E está na Declaração Universal dos Direitos Humanos e na nossa Constituição Federal;
12. Deixe o outro falar, escute, argumente, tente convencer e, se não conseguir, respeite;
13. Lembre-se do que Max Ehrmann disse na *Desiderata*:

Siga tranquilamente entre a inquietude e a pressa, lembrando-se que há sempre paz no silêncio. Tanto que possível, sem se humilhar, viva em harmonia com todos os que o cercam. Fale a sua verdade mansa e calmamente, e ouça a dos outros, mesmo a dos insensatos e ignorantes – eles também têm sua própria história.

14. Você pode ser firme nos argumentos, mas não precisa nem deve ser cruel, arrogante ou mal educado;
15. Gentileza gera gentileza;
16. Se o outro não seguir essas regras, você pode e deve pedir que ele as siga, pois o diálogo tem regras e protocolos mínimos.

Fantasias de carnaval: ofensa ou homenagem?

1. Introdução – Carnaval e Lugar de Fala

Não pulo carnaval. Fui criado dentro das rígidas regras protestantes de uma Igreja Batista tradicional, que no carnaval recomenda isolamento e retiro espiritual.

Sem samba, sem fantasias, sem desfile, folia ou baile, enfim, sem nada desse ramo. É tempo de serra ou praia, reflexão e *Bíblia*. Eis o roteiro.

Daí, dentro de uma visão equivocada do chamado "lugar de fala" eu não poderia falar sobre… carnaval.

Mas penso diferente.

José Saramago alerta que para ver a ilha é preciso sair da ilha. Logo, a mais perfeita visão do carnaval só se tem após ouvir quem frequenta a ilha e quem a vê de longe, ou quem esteve dentro e fora dela.

A vida me permitiu incursões na ilha "carnaval" o suficiente para ver que há quem se diverte e quem foge, quem curte, quem se destrói, quem se ilude, quem de fato se alegra.

As noções de cristianismo e cívicas me fizeram entender que cada um faz suas escolhas e deve aprender a conviver com elas e suas consequências. Respeito quem pula e quem não pula, pois.

Acredito que "lugar de fala" só serve para incluir, não para excluir, e que o observador, o raciocínio e a empatia são hábeis instrumentos para analisar um fenômeno.

Aqui, sinto-me plenamente à vontade para falar sobre carnaval.

Alguém que pule me trará relevantes experiências e vivências, e isso será ótimo, mas nem por isso quem não pula deve ser excluído da conversa ou desqualificado.

O fato de ver de fora me dá uma perspectiva que aquele que está dentro não tem.

Nesse passo, é equívoco (um verdadeiro erro) excluir da conversa alguém por conta de "não ter lugar de fala".

O primeiro "lugar de fala" é o de ter a condição de ser humano.

Assim como creio em "um homem, um voto", creio que todos devem ter a chance de serem ouvidos.

Posso até considerar mais uma fala de A ou B, por sua experiência, títulos ou feitos, mas não devo excluir pessoas da conversa.

Dito isso, entro no tema. Não pulo carnaval, mas não vou pular o assunto.

2. Fantasias Contraindicadas

Vi um cartaz da Defensoria Pública do Ceará propondo a vedação de certas fantasias.

Segundo o cartaz, não se pode fazer fantasia evocando raça, etnia, identidade ou religião. Não tenho a menor dúvida da boa-fé e idealismo de quem pensou nessa campanha, e aplaudo o interesse e o esforço. Sou ex-defensor público e eterno apaixonado pela instituição. Apesar disso, não posso me furtar a algumas observações e a apontar a existência de um caminho equivocado.

O cartaz menciona várias fantasias que não deveriam ser utilizadas. Entre outras, proscrevem fantasias de índio, cocar e penas, desenhos corporais, travesti, cigano, nega maluca, *black power*, Iemanjá, babalaô, padre ou muçulmano. Pela lógica, também não pode haver o tradicional bloco das piranhas. Aliás, essa lógica, levada a fundo, impedirá qualquer fantasia.

Minha primeira indagação foi imaginar que fantasias restariam após a exclusão das mencionadas no cartaz.

A prosseguir assim, vamos perder as fantasias que representam a diversidade brasileira e no final só sobrarão fantasias tão chatas quanto os tempos atuais. Penso que temos que recuperar o humor leve, sem agressões, meio ingênuo, de outros tempos. Sem tantas pessoas se ofendendo e se atacando tão facilmente.

Igualmente, parece-me estar faltando distinguir o ânimo de ofender do ânimo de se divertir. Creio que essa distinção é que resolve esse assunto.

3. Liberdade de Expressão e Ânimo/Intenção

Ainda a considerar, as pessoas precisam decidir sobre a liberdade de expressão. Quem diz que ela é absoluta, tem que aceitar tudo.

Alerto que sigo a doutrina germânica e dominante no planeta: a liberdade de expressão não é direito absoluto, ela tem limites. A isoladíssima e solitária visão dos EUA, na qual este direito prevalece sobre outros, não é nossa tradição nem favorece a harmonia e a pacificação de uma sociedade já esgarçada e com fissuras graves. Nosso STF já decidiu pela tese de que nenhum direito é absoluto. Espero que não queira mudar agora, tirando-nos a necessária segurança jurídica. Porém, se mudar vai ter que valer para todo mundo.

Se alguém quiser seguir a doutrina americana, que aceite tudo, não apenas o que lhe agrada. Se pode para um, pode para todos.

O caso do Porta dos Fundos é útil como exemplo: eles mesmos disseram que estão jogando "bombinhas no bueiro", que queriam ofender e que ano que vem vão ofender mais ainda. Eles jogam bombas (palavras e gestos também machucam) e consideram os cristãos "bueiro". Palavras deles mesmos. Assim, o caso deles é de mera aplicação do art. 208 do Código Penal. Eles quiseram ofender. É outro assunto, portanto.

O humor, a crítica e o debate são bem-vindos; a ofensa e o menosprezo, não. O *Auto da Compadecida* é frequentemente citado como exemplo de humor que faz crítica, mas sem intuito agressivo. Há uma fronteira às vezes difícil de traçar, mas cuja definição é necessária. Na mesma linha, é preciso distinguir a crítica e o proselitismo da ofensa. O proselitismo faz parte da liberdade religiosa, a ofensa e o discurso de ódio não.

A hipótese presente me parece simples: não visualizo no carnaval intuito de agressão ou ofensa. Logo, estamos diante de liberdade. Qualquer nome que se dê a ela: de expressão, artística, humorística, liberdade de e em favor da diversão e alegria.

Obviamente, se alguém se fantasiar de Iemanjá ou de Nossa Senhora para sair praticando atos obscenos, a situação muda. Sem dúvida a multiplicidade de situações dificulta haver uma tabuinha com respostas prontas. Mas me darei por satisfeito se o leitor concordar que uma fantasia não pode ser aprioristicamente tida como ofensa. O comportamento adotado sim.

4. Fantasias – Ofensa, Apropriação ou Homenagem?

Sinceramente, e expresso aqui respeitosamente minha opinião e pensamento, quem para brincar e se divertir se fantasia de índio está fazendo uma homenagem.

Não tem ofensa, nem apropriação cultural alguma. É só diversão, riso e alegria.

O humor sem ódios e sem provocações ajuda, é bom, é lindo. O riso rejuvenesce e limpa a alma de toxinas. Entre mil faces ou personas que alguém poderia escolher, creio que a decisão de ser X ou Y por um dia não deixa de ser um aplauso.

Mais uma vez: se alguém se fantasia disso ou daquilo para com sua conduta escarnecer, pode ser outra coisa, mas querer viver uma personagem tem sua parcela de expressão de admiração, ou até de desejo.

Veja-se o caso das tranças. Há quem diga que uma mulher branca usar tranças é apropriação cultural. Acho isso um absurdo. Não só africanos, mas também *vikings*, árabes, judeus, hunos e outros tantos usaram ou usam tranças. Mesmo assim, o povo do politicamente correto diz que é desrespeito aos negros.

A questão é que ninguém é dono das tranças. Mas o caso é mais grave: as pessoas reclamam que a sociedade impõe padrões de beleza e que não há espaço para o negro nesses cânones. Ora, se uma mulher branca resolve usar tranças para se embelezar, isso não é apropriação, mas uma vitória da diversidade estética. É um reconhecimento da beleza de um outro modelo.

Se alguém me imita, elogia-me. Sou escritor e afirmo: o plágio é desagradável, mas tem inserido em si um reconhecimento. Ninguém copia o feio, ou o ruim. Turbantes, colares e tranças são lindos e da raça humana.

Toda riqueza precisa ser compartilhada.

Mas voltando ao ponto: se alguém se fantasiar de *viking*, vou tomar isso como homenagem, e não como ofensa. O folião tem, nesses poucos dias, a chance de ser qualquer coisa e escolheu ser minha origem. Não consigo entender quem não vê isso.

Acho uma rematada chatice alguém reclamar de ser retratado em uma fantasia cujo propósito seja viver momentos de alegria e diversão. Isso vale para um índio, um cigano, ou um *viking*.

Não bastasse isso, ainda penso que, como brasileiro, sou dono de toda a minha ancestralidade tríplice: sou branco, sou negro, sou índio.

E, se em todos os dias entre março e janeiro já sou branco, se fosse pular carnaval iria de cocar ou de *black power*. E veria aí uma homenagem, é isso.

Conclusão

O corte que farei para concluir é essencial para você entender meu argumento: alguém se fantasiar de Jesus não me causa espanto. Mas me causaria incômodo alguém incorporar ao Cristo características a ele estranhas. Aí a diversão vira captura, e até ato político.

Tenho todo respeito aos travestis, mas um Jesus travesti não é diversão, é política, ironia, provocação ou outra coisa.

Repito: existe uma linha entre a diversão, o *animus jocandi*[10], e o deboche ou a captura/perversão de personagens. Nem sempre é fácil traçar essas fronteiras, mas elas existem.

---

[10] Expressão latina que pressupõe a "intenção de brincar", "de diversão"; comumente usada como jargão jurídico. (N. E.)

A fantasia por si só não garante uma conclusão: pode ser ofensa, pode ser homenagem.

Se alguém, sem intuito de ofender, mas de brincar, opta por incorporar a si mesmo, mesmo transitoriamente, minhas características, essa pessoa se faz um pouco meu pertencimento. Essa pessoa não tira nada de mim, ela me agrega, me acrescenta.

A fantasia faz a pessoa enriquecer minha história e escolhas, e eu acatá-la e acolhê-la a torna parte simbólica de minha tribo.

Outra pessoa, com vestes absolutamente idênticas, pode ser que me ofenda com seu comportamento. Só a roupa não diz nada.

Assim, aos que vierem de *viking*, obrigado! Amo ser o que sou, e sei que tudo que sou é bonito. E a beleza dos meus tons azuis, róseos e brancos não exclui a beleza de tons vermelhos, amarelos, lilases, pardos e pretos.

Se alguém quiser ser *viking* por um dia, sinta-se acolhido.

E se alguém se vestir de pastor, padre, ou muçulmano, acredite: essa pessoa dificilmente acha ser isso depreciativo. Salvo prévia intenção ruim, esta é uma forma de aplauso e de aprovação, acredite. A roupa que pode ser homenagem também pode ser um acinte, cabendo a quem veste e a quem observa boa vontade para haver menos provocações e mais alegria.

Neste assunto, temos alguns princípios, mas não há como ter uma regra pronta e acabada. Logo, sem patrulhas ou censura prévia, cabe a cada um saber respeitar o outro ao diferente. A retomada depende de todos fazermos um movimento de desarme, de (re)conciliação em prol de tempos menos belicosos. Temos que recuperar a leveza e o espírito festivo e acolhedor que já tivemos antes.

Quem vê fantasia não vê coração. E, no carnaval ou fora dele, o coração é o que conta.

Democracia, intolerâncias e o direito alheio

1. Introdução

Amigos, por mais trabalhoso que seja, entendo que na qualidade de professor de Direito Constitucional e escritor devo abordar temas polêmicos em busca de contribuir com a evolução da sociedade. Os compromissos pessoais e profissionais não permitem abordar todos, mas pelo menos alguns abordarei. Hoje, venho trazer pontos de reflexão sobre: (a) a democracia que desejamos construir, (b) sobre as diversas formas de intolerância religiosa que estamos vivendo no país e (c) sobre a necessidade de respeito ao direito alheio tendo por base a Constituição e a lei e não o critério pessoal de um ou outro cidadão, seja em geral, seja um jornalista, seja um servidor público. Espero que esses temas sejam tratados de forma mais constitucional, honesta e coerente pela sociedade brasileira. Estamos vivendo várias epidemias. Uma delas, a de suicídios. Outra, a de intolerância e perseguição religiosas. Outra, a da incapacidade de ouvir o diferente. Outra, a de, sob argumentos desvairados, querer reduzir a liberdade daquele que pensa, reza ou sente diferente.

2. Formas Variadas de Intolerância

Como dito anteriormente no capítulo: *Invasão a Terreiros e Terrorismo*:

A pior intolerância que enfrentamos atualmente, posto que física, está sendo sofrida pelos cultos de matriz africana, que, no Rio de Janeiro, estão sofrendo invasões e destruição de locais de cerimônia e de seus símbolos religiosos. Chegamos ao ponto da proibição, por traficantes ditos evangélicos, de uso de roupas brancas. Digo "ditos" pois obviamente a conversão forçada, ou silêncio forçado, está frontalmente contra os ensinos de Jesus Cristo. Como foi dito recentemente por Davi Lago, Pesquisador da PUC/MG, no programa *Entre Aspas*, na *GloboNews*, essas invasões são caso de polícia. É o caso de investigar, processar, punir, na forma da lei.

Outras perseguições ocorrem, porém. E o fato de haver algumas não torna aceitáveis outras, não revoga a Constituição, nem um erro justifica outro. Há casos, por exemplo, de invasões que não são por motivo religioso, mas mera ocupação de terra, e pessoas interessadas em falar mal dos evangélicos colocam tudo no mesmo saco.

Este texto é para denunciar outras formas de intolerância e perseguição. Espero que você, leitor, reflita serenamente sobre o tema e contribua para acabarmos com todas as formas de intolerância. Isso inclui combater a intolerância contra a religião que você não professa, às vezes não concorda, ou até mesmo deplora. É um direito seu não seguir ou gostar dessa ou daquela religião, mas é obrigação de todos respeitar todas as religiões, o ateísmo e o sentimento e os símbolos religiosos.

A proteção à liberdade religiosa não tem como requisito que a visão religiosa do outro lhe pareça razoável. Os únicos limites são a Constituição e a lei. Não há liberdade religiosa que permita, por exemplo, o sacrifício de crianças, ou invadir locais de culto alheio. Esses são exemplos de crime e têm que ser combatidos. Porém, tirando essas hipóteses mais absurdas, você não pode concordar com proteção da liberdade religiosa apenas de um grupo e não de outros.

Assim, ao lado das inaceitáveis invasões de terreiros, o óbvio ululante, temos que lembrar que igrejas católicas têm sido vandalizadas por algumas feministas radicais, que as imagens católicas foram objeto de vilipêndio por um bispo da IURD (e foi objeto de justo repúdio) e por ativistas LGBT (sem que o repúdio fosse o mesmo). Espero que todos esses vandalismos, contra a umbanda, contra o candomblé e contra os católicos sejam igualmente repudiados por todos.

3. Limites Legais da Expressão da Religiosidade

A pessoa que não reclama do som do bar, mas reclama do som do terreiro ou da igreja, é intolerante e talvez não saiba. A solução passa por outra via: existe uma lei do silêncio e todos devem respeitá-la – bares, ateus, crentes e terreiros. Se seguirmos a objetividade da lei, venceremos facilmente este item. É intolerante o cidadão que se incomoda com a fé alheia. O Estado é laico, não é ateu ou laicista. As manifestações religiosas que respeitam a lei são livres. Aliás, todos os estudos científicos mostram que religiosos costumam lidar melhor com crises e têm mais saúde, é notório que religiosos de todas as matizes se organizam para ajudar necessitados em geral e socorro em meio a tragédias. Por todas essas razões, o Estado deve ter boa vontade com os religiosos. E, de mais a mais, ainda temos a Constituição Federal e as Declarações de Direitos Humanos, que mostram que a liberdade religiosa deve ser respeitada.

Somando tudo isso, espero que aqueles que não têm fé, ou se decepcionaram com ela, ou professam fé diametralmente oposta, aprendam a respeitar o diferente. Nunca é demais lembrar o art. 208 do Código Penal que diz que é crime:

> Escarnecer de alguém publicamente, por motivo de crença ou função religiosa; impedir ou perturbar cerimônia ou prática de culto religioso; vilipendiar publicamente ato ou objeto de culto religioso.

O parágrafo único diz mais: "Se há emprego de violência, a pena é aumentada de um terço, sem prejuízo da correspondente violência".

Aí, um detalhe: escarnecer é uma coisa, criticar é outra. A doutrina já está pacificada no sentido de que o proselitismo religioso faz parte do sentimento religioso a ser respeitado. Então, caro leitor, temos que ter alguma paciência com isso. Não somos obrigados a ficar ouvindo proselitismo algum, mas também não podemos proibir que as pessoas se manifestem ou critiquem esta ou aquela teologia. Essas ações, se feitas dentro dos limites da lei, são amparadas também pelo direito constitucional de expressar sua opinião. Isso é importante lembrar, pois os tempos de intolerância que vivemos têm sido pródigos em exemplos de pessoas que querem impedir as outras de falar. Essa é uma outra epidemia, já citei.

4. Guetização da Religiosidade

Rawls defende que as noções religiosas sejam excluídas do discurso público. Em suma, há um claro objetivo de afastar os religiosos (não apenas cristãos, mas também judeus, muçulmanos, umbandistas, etc.) do espaço público. Pior, alegando "laicidade do Estado". Excluir Deus do cenário não é ser laico, é ser Estado confessional ateu. No Brasil, os ateus são bem-vindos, mas os teístas idem. O fato é que há movimentos querendo impedir que haja bancadas ou voto com base no viés religioso. Ora, pode votar em palhaço, artista, sindicalista, fazendeiro e tudo o mais, salvo em religiosos? Que discriminação é essa?

Alguns dirão: "mas e se o pastor, pai de santo ou guru explora as pessoas?" Eu respondo: "temos a lei, senhores! Ela é a mesma para o pastor, para o guru do tantra, para o padre, para qualquer tipo de 'cirurgião espiritual'. A única coisa que não pode é você, sem religião ou da religião X, querer dizer como deve funcionar internamente a religião Y. Da mesma forma, não se pode querer que alguém só fale de sua religião dentro dos templos, um 'desejo inconstitucional' regularmente mencionado por intolerantes religiosos". Bem, qual o resumo? Não se meta na religião ou no culto alheios, e vamos aplicar a lei de forma igual para todos.

Repito: querer calar quem fala em Deus é mordaça, e querer colocar tais assuntos restritos ao interior dos templos é criar guetos. Isto não é admissível em uma democracia, nem no Estado laico. Gueto é coisa de nazistas.

Se o leitor não gosta de Deus, ou do deus do vizinho, é um direito que lhe assiste, mas se tem problemas com pessoas cultuando seus deuses ou usando vestimentas ou símbolos religiosos, ou se fica incomodado com a nossa herança histórica católica e os crucifixos nas repartições públicas, o intolerante é você. Todos temos que aprender a lidar com a diversidade.

5. Uso do Poder Público Contra a Religião

A intolerância é ainda mais intolerável (sic) quando seus emissores se valem de armas institucionais para punir aqueles que pensam e creem de forma diversa. Se alguém não gosta de Deus ou do culto a Ele, ou de que haja religião, basta não participar. Cabe a tal pessoa aprender a respeitar a Constituição e a liberdade alheia. Temos visto várias ações do Ministério Público atacando símbolos religiosos e até tentando impedir que religiosos se reúnam no horário de almoço em uma repartição pública. Em suma, pode futebol, pode samba, pode tudo, menos religião. Isso é intolerância! Recentemente, mandou bem o Judiciário, que recusou pedido do MP para retirar um oratório católico de uma praça. Como bem lembrou o juiz, o Estado é laico, respeitamos nossa história e, lembrou o magistrado, o MP deveria estar menos preocupado com o oratório e mais com as crianças e mendigos que estão na mesma praça.

Atualmente, em outro momento de nossa história, criar um espaço católico em uma praça demandaria cuidados novos como, por exemplo, facultar espaço para outros interessados ou, quando menos, criar um espaço ecumênico. Todavia, estamos dispondo sobre algo que já está lá há décadas. Discordo de quem, em lugar de criar um novo futuro, gasta energia em mexer em coisas do passado que, ao tempo em que ocorreram, estavam dentro da razoabilidade.

Se alguém não gosta de Deus, repito, sem problema, é um direito que lhe assiste, mas não queira usar a instituição do MP para atacar concidadãos que acreditam. Querer impor sua falta de fé usando o MP como veículo é prevaricação e improbidade administrativa.

6. Deslealdade da Imprensa Diante de Religiosos

Recentemente, critiquei a imprensa pois a cada nomeação de presidente da república olham apenas a religião e desprezam solenemente o currículo profissional. Essa obsessão da imprensa com os evangélicos é intolerância. É perseguição disfarçada de jornalismo.

Citarei três casos. O primeiro, a imprensa noticia que o presidente nomeou um pastor presbiteriano para a Comissão de Ética. Só faltou dizer que o nomeado, entre outras qualificações, é doutor pela USP, mestre pela Mackenzie, instituição onde já foi reitor. Esqueceu de dizer que é advogado e membro do conselho deliberativo da Santa Casa de Santos. Segundo caso, o de Rubens Teixeira, mais de uma vez nomeado para relevantes cargos públicos, invariavelmente anunciado unicamente como "pastor da Assembleia de Deus". A mídia só não disse que ele é doutor em Economia (UFF), mestre em Engenharia Nuclear (IME) e bacharel em Engenharia Civil (IME), Direito (UFRJ) e Ciências Militares (AMAN). Esqueceu de anotar que, além de outras qualificações, é analista do Banco Central e escritor de *best-sellers*, com livros já traduzidos para inglês, espanhol e leto. O caso mais recente é o do professor Marcelo Recktenvald, terceiro nome da lista para reitor da Universidade Federal da Fronteira Sul (UFFS). Ele estava na lista e, mesmo assim, a imprensa o apresenta como "professor de espiritualidade" e "pastor", mas não "lembra" que ele é mestre e doutor em Administração e tem especialização em Gestão Estratégica Empresarial. Deslealdade jornalística, mau jornalismo.

Virou moda atacar os evangélicos, em especial os neopentecostais. Esquecem tudo que os evangélicos fazem de bom, de filantropia, etc. Não separam as coisas, não lembram que bons e maus existem em todas as religiões, partidos e classes sociais.

Falam do traficante "evangélico", mas não falam que o atual Nobel da Paz é um evangélico pentecostal. Quando o evangélico tem um belo currículo, ele é apenas "evangélico" ou "pastor". Quando não tem currículo, aí perguntam pelo currículo.

Não é à toa que a imprensa vem perdendo sua credibilidade e, se continuar parcial, sectarista e desonesta como vem sendo, cada vez estará menos relevante. Espero que a imprensa volte a noticiar os fatos e deixar que o leitor forme sua opinião. Se o jornalista quiser dar sua opinião, até vai, mas que primeiro seja leal noticiando os fatos, dando voz às opiniões divergentes, não manipulando e ocultando dados relevantes.

7. O Curso de Música da UFRJ e o Respeito ao Sentimento Religioso

Concluindo essa rápida abordagem, cito o caso dos cursos de música. *O Globo* fez a seguinte manchete: "Música sacra afro-brasileira enfrenta resistência de alunos evangélicos na escola de Música da UFRJ". A matéria é feita como se a intolerância fosse a dos evangélicos. Isso é desonesto.

Imagino a gritaria que seria se alguma escola obrigasse algum não--cristão a repetir os salmos, ou estudar textos sagrados cristãos. Nessa hora, o Estado é laico, as pessoas devem ter liberdade e tudo o mais. Imagine se todos os alunos tiverem que ler a *Bíblia*? É o livro mais vendido, lido, traduzido, citado e perseguido do mundo. Razões não faltam para sua leitura em sala de aula, mas haveria gritaria. Ou não? Vamos admitir: se for para ler a *Bíblia*, o mundo acaba e os intelectuais e professores universitários citariam a liberdade religiosa, etc. Ou não?

O problema é simples: entoar cânticos é uma forma de adoração e ninguém pode ser obrigado a adorar um deus que não siga. Assim, um aluno ateu, ou umbandista, pode muito bem não querer cantar a "Aleluia" de Hendel. Se a pessoa, um ateu, umbandista ou muçulmano, não se importar, que cante, mas se achar que cantar é desrespeito a sua filosofia ateia, ou a sua divindade, isso tem que ser respeitado.

Senão, vejamos. Eu, como cristão que sou, acho maravilhoso cantar: "O Reino deste mundo/ Já passou a ser do nosso Senhor. E de seu Cristo, e de seu Cristo. E Ele reinará para sempre". Isso é louvor, adoração, é um ato religioso cantar isso caso a pessoa assim entenda. Logo, o umbandista ou candomblecista que não quiser cantar a "Aleluia" de Hendel estará exercendo um direito humano, um direito constitucional.

Se você, leitor, não vê problema em cantar músicas exaltando alguma divindade, isso é um direito seu, mas não pode querer modular a religiosidade alheia a partir da sua. O cânone é a Constituição. Fica a pergunta: por que os evangélicos não têm direito a isso? Por que um evangélico que não quer cantar hinos de louvor a outra divindade será perseguido ou preterido? Ou reprovado na disciplina na escola de música? Será que a música universal não tem músicas laicas? Tenho certeza que sim. A meu ver, essas situações podem ser usadas como veículo de perseguição e intolerância. Todos sabem que alguns cristãos, como alguns muçulmanos, como alguns judeus (e por aí vai) são bem rigorosos quanto a isso: não adorar deuses estranhos (ou seja, deuses aos quais não seguem). Assim, fica "fácil" perseguir cristãos encapsulando a intolerância em argumentos aparentemente técnicos, frios, "fofinhos", mas no fundo desonestos, desleais e funestos. Mais que tudo: violadores dos direitos humanos e dos direitos constitucionais dos alunos.

8. Direitos Constitucionais das Maiorias

Vamos lembrar que os evangélicos não são sequer maioria. Maioria são os católicos. Mas parece que outra epidemia é querer negar para as maiorias (no caso, aos cristãos) direitos que são assegurados às minorias. Essa lógica está equivocada. O correto é o seguinte: não importa se você é de um grupo majoritário ou não, os seus direitos constitucionais têm que ser respeitados.

Citarei exemplos fora do tema religioso para facilitar a explicação. Não é porque a maioria avassaladora dos crimes de racismo são contra negros que não existe racismo contra brancos, ou de negros contra pardos (se não conhece o termo, vale ler sobre colorismo). Os cidadãos brancos não perderam seus direitos constitucionais. Essa história de que "não existe racismo reverso" é um desserviço ao combate ao racismo. Toda e qualquer pessoa pode ser autor ou vítima de racismo, e temos que combater o racismo em todas as suas formas. Não é porque a maioria dos casos de violência familiar são praticados por homens que um homem, cidadão e titular de direitos como qualquer outra pessoa, não pode ser vítima. Não é porque alguém é empresário, que seu patrimônio tem menor proteção do que a prevista em lei. A Constituição prevê a propriedade privada e ela deve ser respeitada. A solução não é perseguir os ricos, mas sim proporcionar condições de crescimento, trabalho e educação para todos.

A sociedade não pode abrir espaço para a vingança, nem para o ressentimento. Repito a frase de Martin Luther King Jr: "a escuridão não pode expulsar a escuridão, apenas a luz pode fazer isso. O ódio não pode expulsar o ódio, só o amor pode fazer isso".

Precisamos criar uma cultura onde todo racismo seja rejeitado, todo o sexismo, toda a homofobia, toda a teofobia, toda a exploração do homem pelo homem, todo o desrespeito ao que as pessoas possuem, têm ou são. O único limite tem que ser a lei, e não a antipatia, inveja ou ódio disfarçado de ciência, religião ou defesa de qualquer teoria que seja. Vai dar trabalho chegar nesse estágio, mas sua contribuição, caro leitor, acelerará este processo.

Qual o resumo? Repito: se um direito está na previsto na Constituição Federal ele vale para todos, não importa se a pessoa é de uma maioria ou de uma minoria.

Conclusão

Em suma, precisamos enfrentar todas as intolerâncias, todas as perseguições, praticadas contra qualquer um que seja. E, para concluir, e agora já falo como cristão: na nossa religião não podemos cantar louvores a outros deuses. Essa regra não é criação nossa, ela está na *Bíblia*. Por mais antipático que possa parecer, não temos escolha: nós buscamos ser servos, não tutores de Deus. Essa nossa cosmovisão tem como belo exemplo a história de Daniel na cova dos leões. Vale a leitura (*Bíblia*, Livro de Daniel, capítulo 6). Enfim, só se curvar e só entoar cânticos espirituais ao seu próprio Deus é um direito humano e um direito constitucional que protege a todos. Quem os dispensa, sem problema, mas para quem os deseja exercer, que haja respeito. Espero que os professores universitários, jornalistas e todos mais respeitem isso.

"Ah", dirá alguém, "minha religião é melhor que a sua porque toleramos tudo e cantamos qualquer música". Eu direi: "Meus parabéns, que legal, vou respeitar isso! É um direito que lhe assiste! E você, por favor, aprenda a respeitar a minha".

Vamos aprender a respeitar a religião alheia. Assim, não vamos criar caso com as coberturas religiosas usadas por *sikhs*, muçulmanos, umbandistas, candomblecistas, etc., não vamos criar problemas com vestimentas religiosas, não vamos criar caso com os crucifixos, não vamos tentar obrigar ninguém a ler a *Bíblia* e nem a cantar louvores para deuses alheios. Espero que esse mínimo civilizatório seja alcançado logo. Quanto a quem invade ou vilipendia terreiro, igreja ou imagem de santo católico ou qualquer outro símbolo religioso, que se aplique o Código Penal, que é igual para todos.

Será um bom começo.

Aprender a lidar com o outro e suportar os incômodos da coexistência, valorizar mais o que nos une do que aquilo que nos separa, respeitar na vida do outro o mesmo que gostaríamos que respeitassem na nossa, não se julgar o dono da verdade nem o proprietário da régua que mede o mundo, ter paciência, conversar e ouvir a outra pessoa, e por aí vai, são desafios cotidianos a serem vividos, ensinados e estimulados por todos. É trabalhoso, mas produz paz. E paz é o que precisamos para construir novos e melhores tempos e lugares.

O massacre de Jovino Bento e os riscos para a democracia e a independência do judiciário

O defensor público da União Jovino Bento Junior ingressou com ação civil pública contra o Magazine Luiza, em razão do programa de *trainees* exclusivo para negros (Ação Civil Pública n° 0000790-37.2020.5.10.0015, 15a VT/DF). Em razão dessa ação, passou a ser alvo de uma campanha de ataques e difamações. Foi ameaçado de morte juntamente com sua família. Sofreu inúmeras representações, vindas dos mais variados lados.

Surgiu até mesmo uma "Nota Técnica" de grupo de trabalho da própria instituição que o repudiou. Em suma, por ter peticionado o que entendeu por bem, passou a sofrer viscerais ataques de diversas frentes. Isso inclui uma representação na Polícia Federal, acusado de "abuso de autoridade".

Começo lembrando a frase imputada a Voltaire, mas que na verdade é de sua biógrafa, Evelyn Beatrice Hall. É uma ideia salvadora de civilizações: "Eu discordo totalmente do que você diz, mas defenderei até a morte o seu direito de dizê-lo". Vale acrescentar que a biógrafa utilizou o pseudônimo de Stephen G. Tallentyre, o que muitas mulheres precisaram fazer ao longo da história para poderem ser ouvidas. Assim como se recusava voz (e trabalho) às mulheres, agora se quer recusar voz aos advogados. Na época da Revolução Francesa era comum que os advogados dos nobres fossem em seguida acusados de traição e também condenados à guilhotina. Um destes corajosos causídicos, cientes que seu exercício profissional o colocava em risco, iniciou sua defesa dizendo à corte: "Trago-vos numa bandeja minha cabeça e minha verdade, podereis dispor da primeira depois de ouvir a segunda". Era o tempo do Terror. Preocupado, informo: o terror do tempo das guilhotinas ronda nossa jovem democracia. Estão querendo cortar cabeças ao invés de analisar teses. E acrescento: muitos que defendem bandeiras nobres como os direitos humanos, no afã de fazê-lo, estão sendo os primeiros a desrespeitar as bases de um Estado democrático de direito. Haver liberdade de opinião é a escolha da nossa Constituição e a melhor forma de se discutir os problemas e resolvê--los. Censura, não! Mordaça, não! Estou escrevendo uma série de artigos sobre exageros. Estamos diante de uma série de gravíssimos deles.

É errado defender os direitos de minorias atacando uma pessoa, pois a menor das minorias é um homem sozinho contra a turba. Quem ataca um homem sem se valer do devido processo legal e do argumento, reproduz a cultura de opressão do mais fraco pelo mais forte. John Fitzgerald Kennedy alertou que "no passado, aqueles que loucamente procuraram o poder cavalgando no lombo de um tigre acabaram dentro dele". Quem quiser defender direitos cavalgando sobre o lombo da turba, da ofensa e do cancelamento haverá um dia de acabar vítima deles.

É livre a expressão do pensamento (art 5º, IV, CF). Nem a lei pode excluir da apreciação do Poder Judiciário qualquer lesão ou ameaça a direito (art. 5º, XXXV, Constituição Federal), logo são indevidas pressões externas que visem a impedir a submissão de algum pedido ou tese ao Poder Judiciário.

A independência funcional do defensor é um princípio institucional da Defensoria. Esta prerrogativa está prevista no art. 134, §4, da Constituição da República, e arts. 3º e 43, I, da Lei Complementar 80/94, a Lei Orgânica da Defensoria Pública União (DPU). A independência funcional é, ao mesmo tempo, princípio institucional e garantia do membro. Esta mesma independência que incomoda agora é aquela que tantas vezes permitiu que se defendessem outros direitos. Não se pode querer que o princípio valha só quando concordamos com o pedido.

Quero lembrar que, nos termos do art. 133 da Constituição Federal, o advogado é indispensável à administração da justiça, sendo inviolável por seus atos e manifestações no exercício da profissão. Acrescento que nos termos da Lei nº 8.906/ 1994, o Estatuto da OAB (Ordem dos Advogados do Brasil), o advogado presta serviço público, exerce função social, contribui com o convencimento do julgador, seus atos constituem múnus público e é inviolável por seus atos e manifestações" (art. 2º), e que a atividade da defensoria pública tem a natureza jurídica de atividade advocatícia (art 3º, §1, Estatuto da OAB), independentemente de haver ou não o registro do profissional na OAB. É direito do advogado exercer, com liberdade, a profissão em todo o território nacional (art. 7º, I) e ser publicamente desagravado quando ofendido no exercício da profissão ou em razão dela (art 7º, XVII).

Por fim, compete ao Conselho Federal a OAB "velar pela dignidade, independência, prerrogativas e valorização da advocacia" (art. 54, III, EOAB) e à DPU velar pelas prerrogativas de seus membros. Jovino Bento errou? Peticionou algo que não é procedente? Vamos supor que sim, que ele esteja 100% errado. Se assim for, fica mais fácil o juiz decidir. As partes adversas e interessadas devem se utilizar do processo e, dentro de suas regras, nele demonstrar ao juiz que não cabe o deferimento do pedido. Simples assim. Será que Jovino Bento errou totalmente? Conheço vários juristas, inclusive negros, que entendem que a medida é equivocada. Jovino não está sozinho. Sobre o tema de fundo, ainda publicarei artigo, mas de imediato posso dizer: 25% dos mais pobres são brancos. Eles foram excluídos. Todos sabem das dificuldades que passam muitos nordestinos. Eles foram excluídos. Onde estão os ciganos, os deficientes, os anões? Todos estes grupos passam por dificuldades e todos eles foram excluídos. Se essa exclusão é acobertada pela proteção às ações afirmativas, é uma discussão válida e necessária.

Meritocracia

O problema não é a meritocracia, mas a falta de oportunidades.

A luta tem que ser para que todos tenham oportunidades razoáveis de estudo, trabalho, empreendedorismo, crescimento pessoal, social e profissional.

Aí, com isso, vamos melhorar o país e o planeta.

Minha preocupação quando se esculacha a "meritocracia" é que as pessoas confundem. São palavras a serem entendidas: meritocracia, privilégio, oportunidades, desigualdade, etc.

Sempre vai ter gente com mais ou com menos oportunidades, a vida tem isso. O que não podemos admitir é que as pessoas não tenham um mínimo de chances de lutar pelos seus sonhos.

A maior luta não deve ser contra o que chamam de "privilégios", mas para que todos tenham chances.

Não tem jeito: tem que ter mérito, sim.

Repito: o problema é a falta de oportunidades.

Ele vai crescer na vida apesar das oportunidades muito desiguais.

Ele, se ficar rico com trabalho e estudo, dará "privilégios" para seus filhos? Não! Ele teve mérito, venceu um sistema muito injusto e cruel... e vai dar uma vida melhor para seus filhos.

O foco tem que ser dar a todos uma chance razoável, oportunidades de mostrar e desenvolver seus méritos.

Trabalho com o movimento negro há mais de 20 anos, e tenho visto uma preocupante redução, em vários jovens, da garra de vencer, da garra para estudar e trabalhar.

Penso que esse discurso de depreciar o mérito/meritocracia é equivocado.

Defendo as cotas por darem oportunidades, mas também defendo a meritocracia. Entre dois negros cotistas, quem leva a vaga única? Quem tiver mais mérito!

O exagero na discussão da desigualdade prejudica aqueles que se esforçam mais. O erro na discussão sobre "privilégios" desqualifica e despreza aqueles que se esforçaram mais. O caminho da solução não é pela depreciação dos "privilégios" que não são privilégios, nem na desqualificação do necessário mérito a ser desenvolvido.

Tenho vários artigos que escrevi ao defender as cotas e nos quais criei a distinção entre meritocracia de acesso e meritocracia de exercício. Sugiro a leitura.

Insisto:

1. Faça por merecer;
3. Semeie para colher;
4. Ajude quem precisa.

Maldades contra as meninas pretas[11]

Introdução

A questão das cotas tem suscitado muitos debates e, mesmo consideradas constitucionais pelo STF, atualmente estão sob dois imensos riscos. O primeiro, as fraudes, sobre as quais publiquei artigo autônomo. O segundo, o ataque à meritocracia, sobre o que discorrerei ao longo de dois artigos[12].

Inicio deixando claro: apenas três motivos podem fazer alguém ser contra a meritocracia: 1) a incompreensão sobre o que ela é; 2) a inveja; ou 3) a má-fé. Então, certo de que o leitor não padece dos dois últimos motivos, peço sua licença para pedir que considere os argumentos que trago.

---

[11] Publicado originalmente em EduQC, a versão aqui reproduzida encontra-se revisada pelo autor e equipe editorial da LVM. <https://eduqc.com.br/dicas-concurso/meritocracias-parte-1/>. Acesso em 20 de Dezembro de 2021. (N. E.)

[12] O primeiro artigo é "Maldades Contra as Meninas Pretas", o segundo "Geni salva a cidade", que unimos as duas partes a fim de publicar neste livro. Esse último é o próximo texto. (N.E.)

Maldades contra as Meninas Pretas

Vamos começar falando da filha da empregada. Como já escrevi no artigo "As cotas para negros: por que aposto os meus olhos azuis", em 2011:

Minha filha, loura e de olhos claros, estuda há três anos em um colégio onde não há um aluno negro sequer, no qual há brinquedos, professores bem remunerados, aulas de tudo; sua similar negra, filha de minha empregada, e com a mesma idade, entrou na escola este ano, uma escola sem professores, sem carteiras, com banheiro quebrado.

Minha filha tem psicóloga para ajudar a lidar com a separação dos pais, foi à Disney, tem aulas de balé. Teve problemas de matemática e providenciei, por ter dinheiro, aulas particulares. A filha de minha empregada não teve dificuldades com matemática porque a sua escola pública está sem professor de matemática. Minha filha tem *playground*; a outra, nada, tem um quintal de barro, viagens mais curtas.

A filha da empregada, que ajudo o quanto posso, visitou minha casa e saiu com o sonho de ter seu próprio quarto, coisa que lhe passou na cabeça quando viu o quarto de minha filha, lindo, decorado, com armário inundado de roupas de princesa. Toda menina é uma princesa, mas há poucas princesas negras com vestidos, armários e escolas compatíveis neste país imenso.

A princesa negra disse para sua mãe que iria orar para Deus pedindo um quarto só para ela, e eu me incomodei por lembrar que Deus ainda insiste em que usemos nossas mãos humanas para fazer justiça.

Amigos, chorei pela menina negra, por mim, por Deus, por todos nós, ao ouvir a disposição da pequena princesa em procurar auxílio. Pensei em como será difícil para ela conseguir tudo: escola, emprego, saúde, lazer, o direito de não ser ofendida, de usar turbante, se resolver fazer isso, de ser ateia, ou da umbanda, ou evangélica neopentecostal, sem ter alguém querendo impedi-la de exercer seus direitos. Eu sou do movimento negro há mais de 20 anos, sei como é, eu ando por lá, não falo ou escrevo desse assunto a partir de um lugar teórico. Sei, por conviver, não é de ontem, como é a realidade de quem não tem pão, passagem, escola, psicólogo, cursinho de inglês, intercâmbio, balé, nem coisa parecida, inclusive professores de todas as matérias no ensino médio. Não podemos fechar os olhos a essa realidade.

E, ciente dos fatos, percebo que estão matando as chances da menina preta de ter tanto quanto a branca. Muitos, de boa-fé, ou movidos pelo justo ressentimento e ânsia por justiça e mudanças, querem jogar a menina preta aos leões achando que a estão ajudando. Este artigo é para proteger a todos, a começar pelas meninas pretas. Estão querendo excluir o que a meritocracia tem de bom e, ao fazer isso, irão prejudicar a sociedade como um todo, e mais ainda os cotistas.

A primeira maldade contra as meninas pretas é negar-lhes as mesmas oportunidades de aprendizado, alimentação, suporte psicológico, saúde e lazer de que as meninas brancas usufruem. Essa maldade também atinge meninas brancas, sim, pois 30% das pessoas mais pobres do país são dessa cor, contra 70% de pardos e negros. Não esqueçamos os brancos pobres, alerto. Ser preto e pobre é um acúmulo de desafios, mas isso não nos permite esquecer daqueles que lidam contra a pobreza sem ter que lidar contra o racismo. São dois males autônomos, acumulados, ou não, por uma determinada pessoa, mas ambos a serem enfrentados pela sociedade.

A segunda maldade é dizer para a menina preta que ela não precisa estudar tanto, que vai ter uma vaga por este ou aquele motivo, e deixá-la sem acesso à competência. Esse é o mal cometido por muitas pessoas de boa-fé: garantir a vaga na universidade, mas sem dar as condições mínimas para o desenvolvimento natural da vida nesse novo lugar. Isso não tem a ver apenas com competência (meritocracia), mas também com outras condições. As cotas tiveram sucesso em colocar negros nas faculdades, mas não são irrelevantes as perdas que estamos tendo por desistência, ou mesmo suicídio, de cotistas que não recebem o mínimo suporte para desenvolver seus estudos. No caso dos concursos, há quem pretenda garantir o cargo sem garantir a capacidade para o seu exercício, o que virá em prejuízo do cotista e também da sociedade. Ainda no caso do serviço público, surgiu até quem defendesse que as promoções por mérito fossem feitas com sistema de cotas, o que perverte a ideia de que o servidor deve ser promovido por seu desempenho, não por sua cor de pele.

Então, para que esse erro não seja cometido, é preciso discutir a meritocracia (no singular) e compreender o que são as meritocracias (no plural). Apenas pegar a menina preta e lançá-la na universidade, ou em um cargo público, é uma crueldade que não resolverá o problema, apenas o maquiará. Maquiará agora e elastecerá em um futuro próximo. Não se pode, a pretexto de ajudar, atingir a menina de uma outra forma, e, ainda, a outras meninas pretas e a própria sociedade. Temos que curar o mal real ao invés de multiplicá-lo com arremedos de solução, com "jeitinhos" e "puxadinhos". Por isso, desenvolvi essa explicação entre as diferentes aplicações da meritocracia, que abordo em "Geni Salva a Cidade".

Geni salva a cidade[13]

Introdução

As cotas, repito, estão sob dois imensos riscos. O primeiro, as fraudes sobre as quais publiquei artigo autônomo ("Cotas, Autodeclaração e Fraude em Concursos"). O segundo, o ataque à meritocracia, sobre o que discorro neste artigo.

Assim como ocorreu com Geni, da música "Geni e o Zepelim", de Chico Buarque, de nada adianta a meritocracia salvar a cidade. Virou moda nela jogar pedra, nela cuspir, ela é boa de apanhar. Logo ela, a meritocracia, que ampara a qualquer um. Logo ela, a meritocracia, que pode nos salvar, que pode nos redimir. Se você é daqueles que apreciam jogar pedra na Geni, peço que leia com calma este artigo.

---

[13] Publicado originalmente em JusBrasil, a versão aqui reproduzida encontra-se revisada pelo autor e equipe editorial da LVM. <https://qualconcurso.jusbrasil.com.br/artigos/496303135/meritocracias-parte-2-geni-salva-a-cidade>. Acesso em 20 de Dezembro de 2021. (N. E.)

A meritocracia é, tal qual a democracia, o devido processo legal, a previdência social, as licitações e os concursos, um conceito que para ser aplicado demanda muito esforço. É preciso, como fez Geni, dominar o asco, ter noite(s) lancinante(s) e se entregar "como quem dá-se ao carrasco". Essas palavras são lindas nos conceitos, mas para concretizar suas propostas dá trabalho, faz sujeira... Mas sujeira menor do que aquela que ocorre quando a sociedade procura atalhos e caminhos aparentemente mais fáceis.

É fácil falar mal da democracia, ou da previdência, ou do contraditório e da ampla defesa, ou da meritocracia. Todos esses institutos vivem sendo atropelados, sua aplicação às vezes é confusa, mas, repito: pior é viver sem democracia, previdência, processo... e sem respeitar o mérito. A *Bíblia* já dizia: "A quem honra, honra". Negar honra a quem a tem, ou dá-la a quem não lhe faz jus, é entulhar de pedras o poço onde todos precisamos nos dessedentar.

Infelizmente, tomou vulto e conquistou muitas mentes e corações a ideia de que a meritocracia se confunde com plutocracia, que é o exercício do poder ou do governo pelas classes mais abastadas da sociedade. Não. A meritocracia é a que garante, por exemplo, que o filho do desembargador ou do senador não terá a vaga no serviço público se não tiver mais méritos do que o filho da empregada doméstica. Ainda que existam mil dificuldades para o filho da empregada doméstica, o sistema meritocrático é o único que lhe dá a oportunidade de, ao menos, competir.

Porém, é preciso explicar melhor a questão. Existem meritocracias diferentes. É a incompreensão do que é meritocracia e das suas modalidades que torna o debate tão difícil. Estão querendo excluir o mérito das escolhas e, ao fazer isso, irão prejudicar a sociedade como um todo, e mais ainda os cotistas.

Uma maldade contra a sociedade, e em especial contra os cotistas, é negar a estes as mesmas oportunidades de aprendizado, alimentação, suporte psicológico, saúde e lazer a que os não cotistas têm acesso. Ainda que não se iguale à inteireza, temos que garantir um mínimo de suporte aos cotistas. E, cotistas ou não, aos pobres.

A maldade da falta de acesso a oportunidades também atinge pobres brancos, sim, pois 30% das pessoas mais pobres do país são dessa cor, contra 70% de pardos e pretos. Não esqueçamos os brancos pobres, alerto. Ser preto e pobre é um acúmulo de desafios, mas isso não nos permite esquecer daqueles que lidam contra a pobreza sem ter que lidar contra o racismo. São dois males autônomos, acumulados ou não por uma determinada pessoa, mas ambos a serem enfrentados pela sociedade.

A maior maldade que pode ser imaginada é dizer para pretos e pardos que eles não precisam estudar tanto, que vão ter uma vaga por este ou aquele motivo, e deixá-los sem acesso à competência. Primeiro, porque dentro desse universo de pessoas ainda será exigida meritocracia e, segundo, porque ainda que se desse uma vaga a alguém não qualificado, seria um mau exercedor do seu cargo, prejudicando a si e aos demais. Obviamente, diante das dificuldades da vida, a maioria das pessoas aceitaria uma vaga no serviço público mesmo sem estar qualificada. Resta saber se a sociedade quer que se faça esse desvario.

Se o assunto é o concurso público, não podemos sair distribuindo vagas para não qualificados. Se o assunto é a universidade, precisamos garantir a vaga ao cotista, mas devemos dar a ele as condições mínimas para o desenvolvimento natural da vida nesse novo lugar. Isso não tem a ver apenas com competência (meritocracia), mas também com outras condições. As cotas tiveram sucesso em colocar negros nas faculdades, mas não são irrelevantes as perdas que estamos tendo por desistência, ou mesmo suicídio, de cotistas que não recebem o mínimo suporte para desenvolver seus estudos.

Pessoas movidas pela maior boa-fé estão dispostas a abrir mão de qualquer cobrança de qualificação para incluir cotistas nos concursos e instituições de ensino. Isso é equivocado. Então, para que esse erro não seja cometido, é preciso discutir a meritocracia (no singular) e compreender o que são as meritocracias (no plural).

Meritocracia

Em definição mais simples, podemos dizer que meritocracia é o predomínio em algum lugar ou atividade daqueles que têm mais méritos, ou seja, os mais trabalhadores, os mais dedicados, os mais inteligentes, etc.

Temos, de um lado, aspecto positivo, que é escolher os melhores, e, de outro, a eventual patologia associada ao conceito, que é a exclusão daqueles que não tiveram oportunidades. Nesse caso, não é que a pessoa excluída não tenha méritos, mas simplesmente que não teve a chance de desenvolvê-los. O que muitos percebem é que comparar quem teve oportunidade e quem não teve envolve justamente uma ofensa à meritocracia.

O curioso é que se a meritocracia é acusada de legitimar a desigualdade dentro de um sistema político, ela é, também, a oportunidade para que o desigual possa competir. Este autor, embora louro de olhos azuis, galgou o cargo de Juiz Federal mesmo sendo filho de um ex-lavrador e de uma operária de chão de fábrica. Seus pais, partindo dessa situação, estudaram e se transformaram em professores. A geração seguinte teve melhores condições e dela saiu um juiz. Ainda que a magistratura seja identificada como "elite", o autor tem muito mais ligações com a origem pobre dos pais, e, depois, de classe média, do que com as oligarquias. Eis aqui uma demonstração da meritocracia em sua melhor acepção. Não fosse o concurso público, certamente cargos como o meu seriam pertencentes aos filhos dos barões, dos empreiteiros, dos parlamentares ou ministros, ou dos desembargadores.

Ainda que não tenhamos os pobres, as mulheres e os negros devidamente representados nos cargos públicos, reflexo da falta de maior igualdade de oportunidades, a comparação com o Parlamento mostra que lá, onde não existe o concurso público, mas sim eleições, a defasagem é muito maior. Em suma: o concurso público, com todas suas mazelas, ainda garante maior acesso aos pobres, negros e mulheres do que as eleições, em que o poder político e econômico alcança maior influência do que nas cadeiras de prova dos certames públicos, nos quais todos, ricos e pobres, precisam preencher as mesmas folhas de respostas.

Repito: não que o concurso seja perfeito, ele é apenas mais eficiente, ou menos viciado, do que o sistema eleitoral. Logo, sustento que os defeitos do sistema meritocrático devem ser enfrentados em sua origem: melhoria do acesso à oportunidade de desenvolver suas habilidades, e não na rejeição da ideia do mérito.

Entendo que o leitor queira que a menina pobre tenha algum tipo de compensação na hora do vestibular ou do concurso, eu também sinto a necessidade de isso ser enfrentado. Por outro lado, não podemos ignorar que se a menina pobre é analfabeta funcional, o exagero na execução de uma política afirmativa vai promover uma inclusão de fantasia, um conto de fadas de mau gosto, posto que sem final feliz. Não há como abrir mão totalmente do conceito de mérito. Não podemos abrir mão da meritocracia, por mais incômoda que ela seja.

Qualquer um que seja contra a meritocracia deveria ser submetido a uma cirurgia cardíaca realizada por um profissional escolhido por sorteio dentre toda a população. Ou não? Porque quando é para dirigir um automóvel que nos conduz, ou nos submetermos a uma intervenção cirúrgica, ou mesmo a uma sessão de acupuntura, esperamos que a pessoa que vai nos atender tenha mérito, ou seja, que tenha a capacidade técnica mínima para nos atender. Se o leitor não gosta da meritocracia, não deveria querer que a pessoa que vai fazer um canal em seu dente tenha méritos para isso.

E o que dizer daquele que argumenta que exigir aptidão técnica é "um sistema que legitima a exclusão"? Eu diria que, se for para extrair um dente seu, o leitor ficará bem melhor se legitimar a exclusão daquele dentista que se formou sem estudar coisa alguma.

Eis o ponto. Queremos um sistema mais isonômico, mas é a meritocracia que salva sua vida, e a cidade inteira, ou a empresa, ou a qualidade do serviço público. Não podemos sair sorteando cargos para todos a pretexto de fazer inclusão social. Em algum lugar, vamos precisar reconhecer que a sociedade, a empresa, o Estado, todos precisam reativar a confiança na competência. Senão, vamos colocar para gerir as empresas e o Estado ótimos companheiros, gente muito boa, mas que vai destruir tudo.

Qual a solução? Proponho três passos fundamentais e indesistíveis: 1) não tentar forçar demais a mão em uma política inclusiva ignorando os benefícios do sistema meritocrático; 2) sem prejuízo de medidas paliativas, não desistir da real solução do problema, que consiste em fornecer igualdade de oportunidades de aprendizado, não de acesso; 3) compreender a diferença entre as meritocracias.

Meritocracias e Notas de Corte

O assunto se resolve a partir da compreensão de que existe mais de uma meritocracia, conceito que desenvolvi para tentar explicar o risco que a sociedade está correndo ao tratar a questão de forma açodada, emocional e, em especial, querendo resolver todos os problemas do mundo com um único instrumento. As cotas são uma ferramenta poderosa, mas não são a panaceia do combate à injustiça social.

Temos a meritocracia de acesso e a meritocracia de exercício.

A meritocracia de acesso diz respeito a, dentro de uma oferta limitada de vagas e um universo mais numeroso de candidatos, saber quais são os que mais merecem ser escolhidos. Em um vestibular, Enem ou concurso, por exemplo, há 20 mil pessoas querendo entrar e apenas cem vagas. Quais devem ser escolhidas? Isto é uma questão de meritocracia de acesso.

A meritocracia de exercício diz respeito especificamente a se uma determinada pessoa está habilitada para o exercício de alguma atividade. Aqui, o que se deseja saber é se o médico sabe operar, se o advogado sabe peticionar, e assim por diante. A meritocracia de exercício não é um lugar para cotas nem políticas de inclusão: ou a pessoa está preparada, ou não está.

Aqui é necessário entender o conceito de nota de corte. Existem duas modalidades de nota de corte. A primeira, a nota de corte aleatória, consiste na nota do último classificado. Esta nota não é escolhida pela banca examinadora, é apenas um resultado numérico. Para a pessoa ter sido escolhida, ela precisaria ter a nota x. Assim, em um concurso em que os alunos se saíram bem, ou que foi feito por um grupo incomumente bem preparado, a nota de corte será mais alta do que em outro, sem que o examinador interfira na definição do número. Quem o define é o grupo avaliado.

Outro tipo de nota de corte é a por eleição do examinador, e na qual ele, dentro de sua discricionariedade e experiência, dentro de sua sabedoria específica ao tratar de para o que se seleciona, traça o limite no qual alguém está ou não apto para ingressar em alguma escola ou cargo. Entre os exemplos, citamos: quem não corre 3 km em 12 minutos ainda não está pronto para ser militar; quem não tira a nota 6 não está pronto para ser juiz.

Então, por hipótese, temos um concurso para juiz, com 10 vagas e mil candidatos. A nota mínima para a aprovação (a nota de corte de eleição), definida pela banca examinadora, é de 6 em um possível 10. Cinquenta candidatos tiraram 6 ou mais. Assim, teremos 50 candidatos em tese aptos a serem juízes (eles sabem a matéria o suficiente) e apenas 10 aprovados (os que tiveram as maiores notas). O décimo aprovado teve nota 8. Logo, a nota de corte aleatória foi 8. E temos 950 candidatos que ainda precisam estudar mais para tentar o sucesso em concursos posteriores.

Obviamente, sempre existe o desafio de a banca saber fazer a prova e estabelecer notas mínimas adequadas. Um concurso malfeito seleciona mal. Uma das minhas críticas aos concursos de juiz é que alguns estão focando apenas em filigranas jurídicas e profundidade absurda que permite aprovação apenas de estudantes profissionais, em geral jovens que não têm qualquer experiência de vida, mas apenas vida de sala de estudo. Esses concursos perdem os profissionais que já estão no mercado, mais tarimbados e mais experientes, tendo expertise e "anos de janela" que são preciosos para o exercício sábio da magistratura. Um erro de método de seleção.

Igualmente, tenho criticado o exame da OAB, por em alguns certames forçar demais a mão exigindo dos bacharéis recém-formados um grau de conhecimento maior do que o razoável. Então, embora a nota de corte por eleição seja a mesma, a dificuldade exagerada das questões cria um outro modo de fazer "nota de corte", reprovando às vezes mais de 85% dos candidatos. Ao mesmo tempo, sou favorável ao Exame da OAB, justamente para que não ingressem no mercado profissionais despreparados. É o caso da necessária meritocracia de exercício.

Daí, vemos que precisamos ter meritocracia de acesso e de exercício e que aqueles que realizam concursos devem ter cuidado para cobrar a matéria na medida certa, e relacionada ao exercício do cargo. Permitam-me um exemplo pessoal. Quando estudei para o concurso para delegado de polícia no estado do Rio de Janeiro, selecionei no programa de Medicina Legal, matéria do concurso, tudo dessa disciplina que efetivamente passaria pelas mãos de um delegado. Delegado é uma coisa, perito é outra. Fiz então meu caderno de estudo com foco no exercício da atividade de delegado. Passei a ter um resumo extremamente eficiente. Fui o primeiro colocado no concurso, aliás. Os colegas do meu concurso e dos posteriores começaram a pedir para fotocopiar minha apostila pessoal de estudo. Tanto fizeram que terminei publicando-a como livro para concurso. O livro serviu por vários concursos e a várias gerações de delegados, sendo apreciado inclusive em outras Unidades da Federação. Tempos depois os concursos para delegado começaram a cobrar, nessa disciplina, questões que nem mesmo os peritos sabiam responder. Eram questões de algibeira, profundíssimas, coisas que um delegado jamais precisaria saber, já que deveriam ser respondidas pelos peritos. Foi um tempo em que perdemos ótimos candidatos, aprovados em Direito Penal e

Direito Processual Penal e reprovados em Medicina Legal. Durante esse tempo, o que ocorreu foi que a banca específica dessa matéria errou bastante a mão, cobrando o que não seria necessário no exercício do cargo. Cheguei até a ouvir o boato de que havia ciúmes por eu não ser perito e ter um livro de Medicina Legal, e que buscavam questões que não estavam no meu livro. Quero crer que seja apenas um boato. De qualquer forma, houve um desvio de finalidade, ainda que não tenha sido de má-fé. A prova de Medicina Legal para delegado de polícia não deve cobrar questões que um delegado de polícia não precise saber para ser um bom delegado.

Assim, tanto o grau de dificuldade de uma prova quanto a nota de corte por eleição devem levar em conta o bom senso e o que será necessário para o exercício do cargo. Além do concurso, algumas carreiras possuem cursos de formação. Mais uma vez, temos que lembrar que não é sábio esperar que o curso de formação corrija falhas da seleção. A finalidade dos cursos de formação é preparar para o cotidiano da profissão. Para haver algum tipo de arrefecimento na prova de entrada de um curso de formação é preciso que ao final dele exista um conjunto de exames sérios e rigorosos para que ninguém assuma um cargo público sem que tenha o mérito necessário para o seu exercício.

Se algum concurso seleciona mal os candidatos, não devemos abdicar do sistema meritocrático, mas o aperfeiçoar. Assim como quando algum político se comporta mal nós não abrimos mão da democracia, mas procuramos aperfeiçoá-la. Não se diga que o concurso seleciona mal, pois senão o caminho será o antigo, no qual os poderosos escolhiam seus pupilos e apaniguados, ou o sorteio, em que provavelmente a população terá o azar de lidar com quem está despreparado. Ainda outra observação: sempre alguém diz que quem tirou 5,9 é tão bom quanto quem tirou 6. Essa crítica tem a solução errada e a certa. A errada: vamos baixar para 5,9 e daqui a pouco alguém dirá que aquele que tem 5,8 está tão preparado quanto, até chegarmos à nota zero. A solução certa: quem tirou nota 5,9 estude mais para o próximo concurso.

A meritocracia de acesso deve buscar selecionar os melhores. Havendo poucas vagas, e essa é a realidade, devemos escolher aqueles que melhor irão aproveitá-las e/ou melhor trarão retorno à sociedade por terem sido escolhidos. Contudo, existem algumas nuanças importantes. Em se tratando de seleção para cursos de formação, a partir do momento em que as condições sociais atrapalham os mais pobres, ou os negros, por exemplo, de terem o mesmo acesso a condições de competição, não é justo dizer que uns merecem mais do que os outros sem fazer algum tipo de moderação ou compensação dessas circunstâncias. Em se tratando de seleção para cargos ou funções definitivos, o interesse particular e o interesse social de inclusão não podem prevalecer sobre o interesse coletivo e o interesse também social de termos pessoas aptas ao exercício dos cargos e profissões. O que quer dizer: não podemos, a pretexto de uma inclusão social, permitir que pessoas despreparadas sejam admitidas a exercer as funções. Caso ainda não estejam prontas, que se preparem melhor e voltem no ano seguinte. Simples assim.

E como resolver a questão das cotas nos concursos públicos? O ideal seria melhorar o preparo para que a competição fosse mais justa, mas o legislador preferiu criar cotas. Ok, decisão tomada e é constitucional, segundo o STF (ADC 41). O risco que corremos é, e ele é real, querer ultrapassar a solução da meritocracia de acesso e enveredar pelo tortuoso e equivocadíssimo caminho de abrir mão da meritocracia de exercício.

Na meritocracia de acesso, quando estamos tratando de acesso a escolas, cursos de formação ou instituições de ensino técnico ou profissional, a questão ainda é mais grave. Sabemos que algumas pessoas menos favorecidas socioeconomicamente ostentam um grau de esforço e dedicação acima da média. Elas compensam suas dificuldades pessoais com uma dose mais alta de dedicação. Reparem, essas pessoas têm méritos. Não são todos os pobres que agem assim, mas agem. Esses pobres (ou, conforme o caso, negros, pessoas com deficiência, indígenas) se sobressaem em relação às pessoas de sua origem. Possuem, repito, mais méritos. Porém, às vezes, por mais esforçados que sejam, não se saem bem em competição com pessoas de outras classes sociais (por deficiência econômica), ou que não sofrem os mesmos preconceitos (caso racial), ou por questões de adaptação cultural (exemplo dos indígenas). Aqui se aplica a lição de Albert Einstein:

> Todo mundo é um gênio. Mas, se você julgar um peixe por sua capacidade de subir em uma árvore, ela vai gastar toda a sua vida acreditando que ele é estúpido.

Daí, interessa à sociedade e também ao conceito de justiça que haja algum tipo de compensação, algum esforço social e dos educadores e gestores públicos, no sentido de buscar meios para que não percamos bons valores e pessoas capazes tão somente porque foram prejudicadas na partida. Não é justo, nem sábio, dar para uns uma Ferrari e para outros um fusca e esperar alguma competição honesta, ou que mereça o título de "meritocrática" sem levar em consideração esses fatores. A medida inteligente é realizar alguma política afirmativa.

Reparem que não basta simplesmente eleger quaisquer pessoas dentre os pobres, ou negros, ou indígenas. Seria ingenuidade imaginar que todos os pobres, ou negros, ou indígenas, igualmente estariam interessados, ou aptos a serem beneficiados por cotas, por exemplo. Imaginem um sorteio de vagas: ainda não temos vagas para todos e um mero sorteio poderia contemplar alguém que não tem interesse em crescimento pessoal, estudo ou oportunidades, e preterir um pobre, ou negro, ou indígena, que realmente tem aspirações maiores. Nesse passo, eis aqui Geni, outra vez: em determinado grupo sempre haverá os mais aptos, ou interessados, ou merecedores de oportunidades. Se temos o grupo A, privilegiado, e queremos que pessoas do grupo B tenham alguma compensação de deficiências para poder estudar, dentro desse grupo B teremos que fazer uma análise de meritocracia. Em outras palavras, se for para dar cotas para negros, por exemplo, não podemos simplesmente sortear quaisquer negros, mas sim buscar dentro do grupo com essa condição os que têm mais mérito.

Aliás, mesmo os melhores cotistas, os mais esforçados, não devem ser jogados às feras. Apenas dar-lhes vaga não basta. Estamos tendo casos de suicídios de bons cotistas, o que é uma lástima extrema. Precisamos dar aos cotistas suporte financeiro e psicológico para que consigam continuar compensando dificuldades de origem ou financeiras para que possam se sair bem nos cursos de formação.

Solução para Aqueles que (Por Ora, Ainda) Não Merecem as Cotas

E o que fazer com membros do grupo B que estão desanimados? Como agir com os que vivem sem esperança, com os que não ostentam mérito algum? O que temos de fazer é dar-lhes educação e incentivo para que comecem a sonhar, acreditar e se esforçar. Não basta simplesmente lançar essas pessoas dentro de uma universidade acreditando que, por um passe de mágica, irão mudar. Isso seria ingenuidade, outra vez. Em um mundo (ainda) com vagas limitadas, precisamos escolher os melhores cotistas, não qualquer cotista. Por fim, no grupo A, entre os privilegiados, também existem os sem esperança, os preguiçosos, os desanimados, os quais também precisam de apoio. Porém, tanto em um grupo quanto no outro, não podemos ter a ilusão de que o mero fornecimento da chance de estudar ou trabalhar irá corrigir os problemas de fundo que tais pessoas carregam e que, repito, precisam ser objeto de atenção e cuidados. Mas isto não inclui dar vagas ou cargos.

Riscos da Meritocracia de Acesso

A conclusão é que a meritocracia de acesso traz consigo o risco de não selecionarmos os melhores, mas apenas os que tiveram melhores condições. Isso não seria meritocracia, mas plutocracia. Logo, temos que fazer movimentos para compensar desigualdades. E qual o limite desses movimentos? A resposta é: a meritocracia do exercício. Não adianta ser tão idealista na busca por acesso e ignorar que após colocar uma pessoa em algum lugar ela vai precisar de condições para ter sucesso naquele ambiente.

Quando o acesso é para um curso de formação, escola ou, por exemplo, o Itamaraty, a sociedade ainda terá um período no qual possa dotar o cotista de ferramentas e suporte para que se desenvolva pessoalmente e alcance o mérito de exercício. Assim, forçamos a mão com as cotas e colocamos um jovem na universidade e durante seu curso lhe oferecemos meios para que seja capaz de merecer o título de médico, por exemplo. Contudo, quando o acesso é a um cargo definitivo, como, por exemplo, um cargo público, não podemos ter, repito, a ingenuidade de acreditar que ele necessariamente se portará bem.

Reparem que os cotistas raciais nas universidades contrariaram as previsões pessimistas de que baixariam o nível das instituições. Os cotistas conseguiram manter média de notas similar à dos não cotistas. Por outro lado, temos um grande índice de evasão. A conclusão é óbvia: dada uma oportunidade maior (acesso), alguns cotistas conseguiram aproveitá-la (tiveram méritos), e outros não. Estou certo de que se o Estado oferecesse financiamento estudantil, moradia, alimentação, apoio psicológico, etc., o número de desistentes seria menor. Porém, ainda assim teríamos desistentes. Se for um cargo público, o fenômeno se repetirá: alguns vão aproveitar, outros não. Se for um cargo definitivo e colocarmos nele alguém despreparado, o dano será coletivo.

No caso dos concursos, há quem defenda que não exista nota de corte e que assim sejam aproveitados todos os candidatos possíveis dentro do número de vagas. Essa tese é bizarra, louca, tola. Se for assim, no afã de dar acesso iremos colocar pessoas sem condições de exercer o cargo. E como é um provimento definitivo, o dano causado por tais pessoas despreparadas será enorme. Haverá quem levante a questão do estágio probatório, e desde logo informo que a cultura brasileira do "coitadinho" torna este instrumento insuficiente, realidade já configurada. Ou seja, não podemos confiar apenas no estágio probatório.

Riscos da Abdicação da Meritocracia de Exercício

Mais uma vez, qualquer um que seja contra a meritocracia deveria ser submetido a uma cirurgia cardíaca realizada por um profissional escolhido por sorteio dentre toda a população. Ou, estando preso, ser defendido por um advogado que não sabe quem é Caio, Tício e Mévio, ou o que é um *habeas corpus*. Ou que passe por pontes construídas por engenheiros que não sabem o que é cálculo estrutural.

Um exemplo poderoso da distinção é a questão da carteira de habilitação para condução de veículos automotores. Como não existe problema de vagas, elas são ilimitadas, não temos que enfrentar o desafio da meritocracia de acesso. Porém, ninguém discorda de que não podemos permitir a condução de automóveis, navios ou aeronaves por quem não está habilitado. Nesse ponto, há um exame de habilitação, um exame de meritocracia de exercício. Ninguém imaginará, por exemplo, que existam cotas para deficientes visuais no grau de cegueira ou, ainda, cotas raciais para garantir a emissão de carteiras para pessoas nessas condições. Qualquer que seja a raça ou o grau de deficiência, o que conta aqui não é a inclusão social, mas sim que o interessado ostente condições técnicas e práticas para a atividade.

O primeiro risco da abdicação da meritocracia de exercício é entregar as pessoas, a população inteira, aos cuidados de pessoas despreparadas. Recordo-me de um caso em que um juiz trabalhista, diante de uma empresa em estado pré-falimentar, destituiu o dono e colocou na gestão uma comissão de empregados. Ocorre que eram empregados que sabiam bem seus respectivos ofícios, mas nem de longe entendiam de como gerir a empresa toda. Além disso, ainda tiveram de lidar com um modelo de gestão com vários "caciques", cada um com sua opinião. Deu errado, obviamente. Gerir uma empresa em condições normais já exige uma expertise considerável, imaginem uma em estado pré-falimentar e sem que haja uma linha de comando. Esse é só um exemplo. Outro, o que aconteceu com a Varig, onde decisões necessárias não eram tomadas porque eram antipáticas. Mas há exemplos melhores: a colocação de amigos, parentes, amantes e cabos eleitorais em funções que necessitam de conhecimento técnico. Dá errado. Sempre deu, sempre dará. Não se pode entregar um navio para o mais bem-intencionado dos maquinistas, ou dos faroleiros, ou do *maître* do restaurante. Não podemos abrir mão da meritocracia de exercício. Não podemos tacar pedras nessa Geni.

Outro risco seriíssimo está ocorrendo no seio do movimento negro. Trabalho há mais de 20 anos preparando pessoas de todas as classes sociais, tanto brancos quanto negros, para se saírem bem nos exames da meritocracia de acesso, nas provas e concursos, e na meritocracia de exercício, no cotidiano profissional. Entendo do assunto. Sei, por exemplo, que os concursos para magistratura cobram demais o mérito de saber Direito e de menos o mérito de administrar pessoas: por isso somos menos eficientes do que deveríamos. Sei, por exemplo, que as eleições avaliam bem o mérito do dinheiro, da popularidade e do discurso, mas menos do que deveriam o mérito da ética, da relevância e da capacidade de governar. Por isso, temos o país que hoje temos. Sei, por exemplo, que os concursos possuem mil mazelas, mas ainda são a melhor forma de escolher uma pessoa para ingressar em uma escola, universidade ou cargo público.

O grande dano que tenho visto atualmente é o seguinte: cada vez mais vejo jovens negros acreditando que as cotas bastam, e que seu acesso deve ser feito como compensação por todos os navios negreiros, ofensas e maldades históricas, tanto as de ontem quanto as de hoje. Fatos históricos e inquestionáveis, mas que não podem substituir a capacitação técnica e profissional. E vejo líderes, brancos e negros, bem-intencionados, querendo avidamente entregar a esses jovens cargos e vagas. Eles creem sinceramente que tais jovens irão se sair bem porque são dotados de garra e merecimentos sociais. Ocorre que não é assim que funciona. Qualquer um que tenha experiência nos movimentos sociais (ou em qualquer outro grupamento humano) sabe que em todos os grupos temos pessoas de boa e de má índole, esforçados e preguiçosos, capacitados e por capacitar.

Primeiro, quando chegarem ao mercado de trabalho, público ou privado, jovens de qualquer cor que seja precisarão saber o que fazer, e nenhuma cota é capaz de substituir o estudo profundo e dedicado por um longo período. E tenho visto cada vez mais jovens achando que isso não é mais necessário. As cotas são uma ferramenta preciosa para trabalhar os defeitos da meritocracia de acesso, mas não resolvem a meritocracia de exercício. Temos que garantir a todos, em especial aos cotistas, o acesso às vagas, mas também o acesso ao conhecimento e capacitação profissional. Quem ainda não está pronto para trabalhar não pode resolver isso via cotas, pois será um mau profissional, sendo menos do que poderia e deveria ser, e porque prejudicará terceiros e, no final das contas, reforçará estigmas.

Imagine o caso do Itamaraty. Dizer que um aluno não precisa saber inglês suficiente por ser negro equivalerá, num futuro não muito distante, a colocar um diplomata que não consegue conversar com o embaixador da Nigéria, ou da Índia. Obviamente, criar um exame elitista que elimine os negros também não se pode aceitar. É preciso achar o ponto ótimo, o ponto de equilíbrio na execução das políticas afirmativas. Outro exemplo: alguns grandes escritórios de advocacia querem contratar bacharéis negros. Ótimo! Mas houve pedido interno no movimento negro para que fosse reduzido o grau de cobrança do inglês. Os motivos do pedido são justos, mas ignoram a realidade. Precisamos é ensinar inglês de qualidade para os jovens advogados negros. Senão, estarão sempre em uma *capitis diminutio*: nas negociações mais importantes irá sempre quem sabe falar bem o inglês. É preciso uma combinação de esforços. A cota sozinha não resolve. Geni salva.

Alguns já descobriram que a cota no acesso não basta. Após o acesso, os problemas continuam. Então, alguns querem cota que elimine o mérito do exercício. Isso é um erro. Imaginem um concurso para médico. Teremos a lista geral e a lista das cotas. Na geral, nota mínima de 6 ou 7, o quanto for.

Na lista de cotistas, atendendo aos pedidos dos que querem mudar o mundo num toque de mágica, não haverá nota mínima, não haverá a nota de corte de eleição. Afinal, queremos inclusão! Assim, passarão 80 médicos não cotistas, com nota mínima de 6 ou 7 (e nota de corte aleatória provavelmente ainda maior). E entre os cotistas, sem nota de corte alguma (como defendem alguns), teremos médicos com nota zero, um, dois, três. O passo seguinte será as pessoas, com justa razão, não quererem ser atendidas por médicos negros, ou índios, porque, afinal, eles não têm capacidade aferida. Pior, ela foi aferida e foi insuficiente. Outra solução seria dizer que "depois eles aprendem", que "eles vão se esforçar", o que ignora a natureza humana (entre brancos, negros, amarelos e vermelhos) de não necessariamente haver esforço após a conquista do que se pretende.

Qual a solução? O 20º concurso para Procurador do Trabalho (MPT) seguiu um caminho bem meritório e digno de aplauso. Falemos sobre isso.

Concurso para Procurador do Trabalho (MPT)

O 20º Concurso para ingresso na carreira do MPT, já seguindo a Lei das Cotas nos concursos e a Resolução nº 143, de abril de 2017, do Conselho Superior do MPT, previu cotas com 20% de vagas para pessoas com deficiência (PCD) e 20% para negros. A instituição conseguiu se sair bem na modulação da meritocracia de acesso sem ferir a indeclinável meritocracia de exercício.

O candidato precisa, para passar para a segunda fase do concurso, estar entre os 200 melhor classificados. A nota mínima 50 vai informar que o candidato sabe o mínimo exigido para ir para a fase seguinte, mas não significa que ele irá adiante no concurso. Ele até sabe o mínimo exigido (parabéns para ele!), mas ainda precisará estar entre os 200 melhor classificados. No caso do 20º Concurso, a nota de corte foi 70. Nota de corte aleatória, alerto. A nota de corte de eleição é 50, e a aleatória, resultado específico naquele certame, 70. Ou seja, quem estava apto, mas não tirou 70, não foi adiante. Precisará estudar mais e fazer o concurso seguinte.

O concurso teve 5.293 inscritos, sendo que 116 (2,19%) se declararam PCD e 591, negros (11,17%). Como nos negros temos pretos e pardos, vemos que apesar de essa soma representar 51% da população, representa apenas

11,17% dos candidatos. Assim, mesmo havendo eventuais pretos e pardos que não se valeram da cota, há visualização objetiva da sub-representação de pretos e pardos no certame.

O MPT teve a inteligência de, sem abrir mão da nota mínima, criar espaço para aperfeiçoar a meritocracia de acesso. Os candidatos cotistas, das suas cotas (negros e PCD) não estavam sujeitos à nota de corte. Dos 5.293 candidatos apenas 4.334 foram fazer a primeira prova. Destes, apenas 200 passaram para a fase seguinte e para isso foi preciso ter nota mínima 70. Ora, 116 PCD e 591 negros (pretos + pardos) tiraram a nota mínima 50 e também foram para a segunda fase. Por curiosidade, informo que 12 aprovados para a fase seguinte eram negros e PCD, concorrendo nas duas cotas.

Entre os não-cotistas, tivemos 1.022 candidatos que tiraram entre 50 e 69, ou seja, que obtiveram a nota mínima e, mesmo assim, não seguiram no concurso. Certamente estão vivendo um misto de alegria (pela nota mínima alcançada) e frustração (por não terem chegado na nota de corte). Talvez se perguntem por que um negro ou pessoa com deficiência teve entre 50 e 70 e entrou, e a resposta será: porque queremos acelerar o processo de correção de desigualdade em nosso país, porque o Congresso aprovou a lei, ela foi sancionada pelo Executivo e teve sua constitucionalidade reconhecida pelo STF. O que fazer? O que qualquer concurseiro faz quando não obtém a nota necessária: descansar dois dias, chorar, comemorar também, voltar para a cadeira e prosseguir nos estudos. No concurso seguinte aqueles 200 que tornaram a nota de corte tão alta provavelmente já estarão trabalhando no MPT, ou em outro cargo, e esses concurseiros de nota 50 a 69 terão estudado mais, estarão melhores e a "fila" terá andado. É assim que funciona.

Motivo de comemoração, temos a notícia que a maior nota da 1ª fase foi de um... negro! Este, por certo, não precisa do apoio das cotas. Os contrários às cotas alegam que isso prova a sua desnecessidade. Discordo. Desde sempre temos heróis que superam os funis sociais e conseguem sucesso. A questão é que não se pode exigir superdotação ou heroísmo de todos. Os percentuais de negros nos concursos e nos cargos públicos mostram que temos injustiças e desigualdades a corrigir. Parabéns para esse candidato negro que está em primeiro lugar, um verdadeiro orgulho para sua raça, a raça humana (paráfrase da lápide de Jesse Owens, anoto).

Outro motivo de comemoração: a eficácia da política afirmativa adotada. Apenas 11 negros e 3 PCD tiraram acima de 70. Se a nota de corte se aplicasse a eles, teriam sido aprovados pela nota mínima, mas não admitidos na fase seguinte. A medida do MPT trouxe para a segunda fase 100 negros e 103 pessoas com deficiência que não estariam ali. Mas repare o leitor: não foi qualquer um, não foram todos: foram apenas os que obtiveram a nota mínima! Aí está a sabedoria aqui elogiada: criar mecanismos que minorem as falhas da meritocracia de acesso sem tornar o concurso inócuo para selecionar quem sabe o mínimo da matéria. O concurso prosseguirá e, mais uma vez, a cada fase subsequente, cada candidato, negro ou não, deficiente ou não, deverá ter a nota mínima. Conseguimos "resgatar" bons candidatos negros e PCD que pelos critérios frios da meritocracia de acesso não teriam conseguido ir para a fase seguinte. Podemos dizer que o grande ganho aqui foi um aperfeiçoamento da meritocracia para que leve em conta, mesmo que parcialmente, a constatada diferença de oportunidades para quem é negro ou PCD.

Alguém dirá: "mas e os negros e PCD que, ao contrário da média, não tiveram, por qualquer razão, essa dificuldade de acesso à educação? E os cotistas que 'não precisariam' das cotas?". Minha resposta é: "essa 'injustiça' residual é um preço pequeno a pagar a fim de conseguirmos produzir justiça para a maior parte dos casos, nos quais, ninguém pode contestar, há desigualdade de oportunidades".

Em paralelo a toda essa discussão, nunca é demais lembrar, os concursos e os cursos de formação podem e devem ser melhorados paulatinamente e, também em paralelo, não existe modelo no qual se pode abrir mão de criar seleções e, nelas, critérios de verificação de conhecimentos e/ou habilidades. Não sendo assim, padeiros poderão fazer cirurgias e cirurgiões poderão preparar panetones. A diferença é que um panetone ruim raramente mata, até porque não se come o segundo bocado. Porém, quando tratamos de médicos, enfermeiros, advogados, professores, etc., não temos o direito de, a pretexto de incluir, reduzir a qualificação mínima do profissional que irá servir à população.

Certamente um sistema que abrisse mão da meritocracia de exercício iria incluir negros e PCD com muito maior rapidez, mas igualmente tornaria razoável a qualquer cidadão querer ser atendido apenas por não cotistas. Essa mácula na dignidade do servidor atingiria a todos os negros e PCD, cotistas ou não. Não podemos permitir isso. Tão grave quanto, repito, tal fato teria mais duas consequências desastrosas: permitir profissionais não qualificados atendendo as pessoas e, talvez a mais grave, enviaria aos negros e PCD a mensagem de que não é preciso estudar nem se preparar, pois a sua vaga é garantida. Não podemos permitir isso: cotistas e não cotistas, de todas as etnias, precisam saber que sem um mínimo de estudo e competência não se irá obter sucesso em lugar algum, muito menos nos concursos e no serviço público.

  Assim, em resumo, merece aplauso o MPT por ter obtido modulação da meritocracia de acesso e uma corretíssima manutenção da meritocracia de exercício. Assim, um negro merece ir para a próxima fase bastando ter a nota mínima, já um não cotista para merecer o mesmo precisou da nota 70. Isso é uma forma de compensar desigualdades pretéritas e de acesso a estudo e oportunidades. Porém, nenhum negro ou deficiente físico logrou progredir sem mostrar que já sabe o mínimo necessário para futuramente exercer o cargo. Esse é um modelo razoável. O risco é querer eliminar as notas de corte de eleição para cotistas, ou, no futuro, quaisquer outros critérios de verificação da meritocracia de exercício. Eis a razão do presente artigo: defender as cotas, mas alertar sobre não serem elas a panaceia do problema, não sendo arte mágica a substituir a preparação e a exigência de habilitação suficiente para o exercício profissional.

  Qual a solução? Exigir notas mínimas, exigir a meritocracia de exercício sem fazer concessões temerárias. A nota mínima é 5, ou 6, ou o que for, e pronto: ninguém passa sem ter essa nota, ninguém vai para o cargo sem isso, o que protegerá a sociedade e o próprio cotista, assim como a credibilidade da ação afirmativa. Na lista geral, em que a competição será maior, teremos talvez uma nota de corte aleatória de 7, 8, 9 ou até 9,5. Na lista de cotistas, uma nota de corte aleatória de talvez 6. Assim, a cota servirá para modular e moderar a meritocracia de acesso, mas a nota mínima (a nota de corte de eleição) garantirá que todos os aprovados sigam para seus cargos sabendo que têm um mínimo de habilitação técnica. Isto terá, ao menos, três efeitos positivos:

1. protegerá a dignidade e a autoestima dos cotistas, tanto pessoalmente quanto perante a coletividade;
2. garantirá à população o atendimento por profissionais qualificados;
3. reforçará em todos, inclusive nos cotistas, a necessária informação de que precisam estudar, e muito, para fazerem por merecer.

Mantenham as flores

Todo trabalho é essencial?

A banca de flores da esquina é essencial?

Não confunda: uma coisa são serviços essenciais para o país, outra coisa é o serviço essencial para a pessoa. O país não precisa das flores, mas quem é o Estado para dizer que as flores não são essenciais para os floristas?

Não só para os floristas. Em um momento de tensão extrema, de nervos à flor da pele e de pico de divórcios, creio que as rosas são necessárias.

Elas não servem "só" para esposas e namoradas.

Elas também levam afetos, alegria e esperança para tias, avós, amigas.

E quem pode negar o poder do humor e da esperança para a tão necessária imunidade?

E para o florista?

E para a família do dono da kombi que traz as flores?

Para o posto de gasolina e para o mecânico da kombi?

E para as florálias, e todas as famílias que vivem daquele negócio?

Que todos estejam de máscaras, lavando as mãos, usando álcool gel e mantendo o distanciamento, mas com as flores.

A vida não pode parar. Sem vida, é depressão, é medo, é fome, é desemprego.

Não existe escolha entre vida e economia. Elas estão entremeadas, uma depende da outra.

Mantenham as flores.

Os bares e restaurantes com os cuidados de praxe. Tudo. E corram com as UTIs e vacinas.

Outro dia li que proibiram vender lâmpadas e eletrodomésticos.

Mas e a pessoa cuja lâmpada queimou? Estuda como? Vive como?

O prefeito ou o governador irão lavar a louça da máquina que quebrou? Manter a comida cuja geladeira pifou?

E o dono da loja? Sem vender tudo que tem em estoque e pagou... vai conseguir manter a empresa, o aluguel e os empregos?

Todo trabalho é essencial para quem resolveu sustentar sua família com ele.

A Argentina fez um severo *lockdown* e isto não impediu o coronavírus. Há vários estudos mostrando que o *lockdown* não funciona. Nem a OMS insistiu nessa ideia. Estudem o caso das Dakotas. Enfim, o problema é outro!

Vamos discutir esses dilemas sem politização e com base em dados científicos! Medidas erradas ou em doses erradas podem piorar ainda mais a crise.

Temos é que manter de forma rígida todos os cuidados, vacinar todo mundo, aceitar que a iniciativa privada vacine, pois diminui a fila do SUS, preparar UTIs suficientes.

Aliás, por que não usar de forma racional e inteligente o dinheiro da Covid-19? Seria um ótimo começo!

Vamos manter a vida.

Vamos insistir nas flores. Com máscaras, mas vamos manter as flores, a kombi, a esperança, o garçom e a vida funcionando.

O dilema da vacina privada contra a COVID-19

Não se "fura a fila" do SUS; se diminui a fila do SUS com um sistema de filas múltiplas que salvam vidas e a economia.

Um conhecido ditado diz que tempos excepcionais exigem medidas excepcionais. É o caso da pandemia que assola o mundo há mais de um ano, ceifando vidas e causando grave desequilíbrio econômico. A necessidade de vacinar um enorme contingente de brasileiros demanda a adoção, pelo Poder Público, de medidas até então inéditas para criar opções, ampliar o acesso à imunização e restabelecer a normalidade no país. É salutar e digna de veemente aplauso, portanto, a iniciativa dos presidentes do Senado, Rodrigo Pacheco, e da Câmara dos Deputados, Arthur Lira, na aprovação da Lei 14.125/2021, que autoriza a iniciativa privada a participar imediatamente do processo de imunização da população brasileira contra a Covid-19.

A nova norma traz grande e inegável avanço legislativo ao país em prol do combate à pandemia. Em paralelo, grandes nomes do empresariado brasileiro e da sociedade civil lideraram a colheita de mais de 300 mil assinaturas pedindo que seja permitido à iniciativa privada fazer um trabalho de vacinação solidário, não voltado ao lucro. Entre os avanços da lei está a padronização dos procedimentos e a contribuição para a consecução dos objetivos da república previstos no art. 3º da Constituição, como o desenvolvimento nacional, a solidariedade e a promoção do bem de todos. Não esqueçamos que a vacinação privada já é uma realidade para prevenir outras enfermidades, sendo regularmente aplicada em clínicas particulares e a iniciativa privada já tem experiência e agilidade para tal aplicação, como é o caso da vacina contra a gripe, e que tais atividades nunca foram questionadas.

Não se trata de retirar responsabilidade do Estado, mas de justamente acelerar o ritmo do procedimento de vacinação, reduzindo assim a demanda e o volume de filas que hoje vemos sobre o SUS, uma vez que a vacinação pela iniciativa privada criará um sistema de multiplicidade de filas e, logo, repartição de tarefas e aumento da velocidade da vacinação de todos. Isso acelerará o processo e retirará da fila do sistema público grande quantidade de brasileiros, boa parte não de "ricos", mas de seus funcionários. E, convenhamos, os "ricos" também são brasileiros, não sendo razoável que sejam discriminados por terem tal condição já que a Constituição permite a iniciativa privada, com seus riscos e bônus.

Neste contexto, cabe destacar a decisão do juiz federal Rolando Valcir Spanholo que, provocado recentemente a decidir sobre o tema por uma entidade de direito privado, concluiu que não há impedimento legal de a sociedade civil participar imediatamente do processo de imunização da população brasileira em relação à pandemia da Covid-19.

Quando a iniciativa privada é autorizada a adquirir vacinas, não estamos diante de um reforço à desigualdade social, mas sim de menos pessoas na fila dependendo do governo. Não se "fura a fila" do SUS: se "diminui a fila do SUS". Mais que isso, cada pessoa que recebe a imunização é uma a menos para ser infectada e eventual transmissora dessa terrível doença. Desta forma, será possível impactar de forma positiva a economia como um todo, permitindo o custeio do próprio cidadão que tiver condições de arcar com a proteção de sua família e de seus empregados, acelerando o ritmo da retomada econômica tão necessária para que os setores público e privado possam voltar à normalidade.

Entretanto, algumas considerações, sob o ponto de vista constitucional, merecem ser feitas. É inegável a louvável intenção legislativa contida no art. 2º da lei que: 1) determina a doação integral de vacinas adquiridas ao SUS enquanto não vacinados os grupos prioritários pelo Poder Público e, em um segundo momento, após o término da vacinação daqueles grupos; e 2) que as pessoas jurídicas de direito privado poderão comprar as vacinas, devendo, contudo, doar metade das doses compradas para o SUS, sendo que outra metade poderá ser livremente distribuída e aplicada, mas desde que isso seja feito de forma gratuita (a pessoa jurídica não poderá vender as vacinas).

A previsão legal, embora altruísta, cria, em verdade, uma desapropriação indireta pela via transversa sem observar o direito de indenização garantido no art. 5º, XXIV, da Constituição Federal. Assim como saúde, educação e segurança são deveres do Estado e direito dos cidadãos, a vacina também é. No entanto, não há qualquer empecilho ao setor privado e a qualquer cidadão de optar pelos planos de saúde, escolas particulares e serviços profissionais de segurança. Aliás, a própria Constituição Federal em seu art.199 diz que a assistência à saúde é livre à iniciativa privada. Ao mesmo tempo, é legítimo ao cidadão defender a sua saúde e a de seus familiares e funcionários. Não é razoável impor às pessoas que eventualmente possam obter de forma privada as vacinas uma submissão forçada à nem sempre ideal velocidade estatal de ação. Não fosse assim, também não poderíamos ter hospitais privados nem planos de saúde privados. Mais uma vez: isso nunca foi questionado e seria um absurdo ideologizar o tema justamente em momento no qual não podemos desperdiçar nenhum vetor que contribua para vencer a pandemia.

Inexiste, então, motivo razoável que obrigue o particular a doar vacinas que são dever do Estado providenciar. Isto seria de fato usurpação inconstitucional de propriedade privada sem a observância dos requisitos constitucionais, o que seria figura assemelhada ou novo tributo com efeito de confisco, o que é vedado no art. 150 da Constituição, mas não impede que doações privadas para o SUS possam ser realizadas por todos aqueles que puderem.

Para além disso, é fundamental destacar que para parte das vacinas, a hipótese de compra pelo setor privado se mostra mais factível. Como é sabido, há fundos de investimento que bancaram as pesquisas e têm direito a cotas de vacinas que são mais rapidamente acessíveis pelo setor privado. Se a agilidade dos empresários brasileiros pode trazer essas doses mais rapidamente para o país, como abrir mão disso num momento tão difícil? Os empresários são mais céleres até por não terem as limitações de preço nem as fiscalizações naturais de órgãos de controle como Ministério Público, CGU, Tribunais de Contas e, até mesmo, por não terem o risco de, a cada passo, serem eventualmente acusados de improbidade administrativa.

Vale mencionar o caso das máscaras que, deixadas por conta da iniciativa privada, em pouco tempo inundaram o país. Imaginem se apenas o SUS pudesse produzir e fornecer as máscaras? Enfim, o país tem que perder o medo de utilizar as habilidades da iniciativa privada para que sejam alcançados os mais altos objetivos públicos. Tais medidas certamente poderão abreviar em muito o tempo de fila e reduzir drasticamente o volume de vítimas dessa cruel pandemia, além de trazer o Brasil para a normalidade. Portanto, neste breve artigo, como professor de Direito Constitucional e como cidadão, faço votos que seja facultado à iniciativa privada adquirir, trazer e aplicar as vacinas aprovadas pela Anvisa.

Índice Remissivo

A
abuso de poder ambientalista, 146
Adolf Berle, 74
Adolf Hitler, 125
advogado, 174, 181, 194, 200
aeronautas, 15
Ajit Pai, 30
Alabama, 45
Albert Einstein, 197
Alexander Solzhenitsyn, 71
Allan Kardec, 132
Amartya Sen, 41
Americano, 26
Amity Shlaes, 73, 75
Ana Fischer, 102, 104
Antietam, 47
Antigo Egito, 37
antirracistas, 111

Anvisa, 214
Apollo 8, 81
Argentina, 53, 54, 210
arqueólogo, 38
Arquivo Nacional, 123
arroz, 12
Arthur Lira, 211
Associação Nacional dos Juristas Islâmicos, 143
Auto da Compadecida, 166
Ayaan Hirsi Ali, 87, 88

B
Banco da Inglaterra, 72
baochan daohu, 12
Barão de Guaraciaba, 110
Belo Horizonte, 124
Benjamin Franklin, 37, 38

bens de capital, 16
Berlim, 71
Bia Kicis, 106
Bíblia, 99, 137, 138, 150, 151, 163, 175, 177, 190
Boeing 787, 17
Brasil, 4, 5, 15, 21, 23, 25, 26, 27, 30, 33, 39, 42, 53, 60, 66, 71, 77, 79, 80, 85, 102, 103, 110, 114, 115, 116, 117, 127, 136, 150, 172, 214
Brasília, 5, 141
Buda, 132
burocrata, 22

C
Califórnia, 20, 26
candomblé, 137, 138, 142, 171
capital, 16, 17
capitalismo, 58, 59, 89, 90
Carlos Alberto Dias Ferreira, 110
Carnaval, 8, 163
carpa, 67
Carta Magna, 145
Casa Branca, 68
censura, 104, 108, 110, 168
Centro Mackenzie de Liberdade Econômica, 60
CGU, 214
Chico Buarque, 189
China, 11, 12, 13, 26, 53
cinemas, 43
Citronelle, 45
Cleópatra, 93
coação moral, 146
Código Penal, 139, 143, 160, 165, 171, 177
coeficiente de Gini, 94
Colégio Franco-Brasileiro, 103, 113, 114
Comissão de Combate à Intolerância Religiosa, 139
Comissão de Ética, 173
Comissão Federal de Comunicações, 30
commodities, 26
comunismo, 59, 74

concurso público, 191, 192
Congresso Nacional, 136, 141, 142
Conselho Tutelar, 113
Constituição, 47, 80, 118, 119, 145, 146, 147, 150, 162, 169, 170, 173, 180, 212, 213
Constituição Americana, 47
Constituição Federal, 103, 104, 119, 123, 124, 136, 138, 171, 176, 213
contabilidade, 32
contrarrevolução, 12
coronavírus, 30, 43, 61, 64, 72
cotas raciais, 103, 200
cotas sociais, 103
Crise de 29, 73, 74

D
David Maraga, 80
Davi Lago, 102, 170
Declaração da Independência, 47
Declaração Universal dos Direitos Humanos, 104, 105, 124, 147, 151, 162
Declarações de Direitos Humanos, 171
Defensoria Pública do Ceará, 164
Defensor Público da União, 179
Delegacia de Crimes Raciais e Delitos de Intolerância, 140, 142
Demócrito, 107
Deng Xiaoping, 13
Desiderata, 162
Deus, 47, 48, 68, 69, 80, 81, 83, 130, 131, 172, 173, 174, 177, 186
Dia da Independência nos EUA, 20
Dia da Terra, 6, 81, 82
Dia da Vitória na Europa, 71
Dia do Trabalho, 42
Dia Nacional da Consciência Negra, 117
dinares, 34
Diógenes, 107
Direito Constitucional, 103, 129, 143, 169, 214
Direito Penal, 106, 195
Direito Processual Penal, 196

ÍNDICE REMISSIVO

Diretrizes para o Trabalho Rural, 12
Disney, 43, 186
ditaduras, 66
doença da vaca louca, 71

E
Earthrise, 81
Edmund Burke, 19
Educafro, 101
Egito, 38
Elizabeth Taylor, 93, 95
Embrapa Territorial, 82
Escrituras, 137, 150
Estado de Direito, 105
Estado Democrático de Direito, 105, 146
EUA, 20, 25, 30, 32, 40, 42, 46, 49, 53, 54, 60, 74, 82, 85, 88, 102, 165
Europa Oriental, 67
Evelyn Beatrice Hall, 179
Extinction Rebellion, 90

F
Faraós, 37
finanças, 32
Flórida, 39, 40
França, 115, 116
frango, 21
Franklin Roosevelt, 73, 74, 75
Franz Kafka, 105
fraudes, 185, 189
Frédéric Bastiat, 63, 64
Friedrich von Hayek, 15, 29, 49
funcionários públicos, 22
fundamentalismo de mercado, 59
futurologia, 43

G
Gavin Newsom, 20
genocídio, 139, 140
George Mason, 95
George Orwell, 22
Georges Minois, 107
George Soros, 6, 59, 60, 61

Geórgia
estado americano, 32
Geroge W. Bush, 54
Gettysburg, 47
Gilbert Stivanello, 140, 142
governo, 12, 13, 16, 19, 30, 31, 33, 38, 40, 47, 49, 50, 51, 59, 61, 74, 75, 77, 95, 108, 151, 190, 212
Grace Blakeley, 89
Grande Salto para Frente, 11
Grécia, 34
Greg Mankiw, 94
guerra civil, 47

H
habeas corpus, 200
Harvard, 94, 146
Henrique Mandetta, 106
Henry Morganthau, 73
Holanda, 87
homofobia, 142, 176

I
ideologias, 41, 88, 102, 103, 120
Idris Elba, 99
Iemanjá, 165, 166
Igreja Batista, 163
Igreja Universal do Reino de Deus, 138
Imperial College, 71
impostos, 32, 37, 38, 39, 40, 41, 60, 61, 65, 66, 74
índios, 86, 203
inferno, 158
Inglaterra, 71, 72
Insper, 65
Instituto Brasileiro de Geografia e Estatística, 117
intervenção sindical, 16
Irapuã Santana, 104
Itamaraty, 199, 202
Itaú, 102, 103

J
Jean Wyllys, 60
Jesse Owens, 204
Jesus, 99, 109, 121, 129, 132, 136, 149, 151, 167, 170
John Fitzgerald Kennedy, 180
John M. Keynes, 74
John Rawls, 172
Jonathan Swift, 25
Jordânia, 34
Joseph Schumpeter, 43
José Saramago, 154, 163
Jovino Bento Junior, 8, 179, 181
judicialização, 16, 79, 80
Justiça do Trabalho, 21
Juvenal, 108

K
Karl Popper, 60, 89
keynesianismo, 38
Kom Ombo, 38

L
Laboratório de Política, Comportamento e Mídia da Fundação São Paulo, 102
Landsat, 82
Laranjeiras, 113
Latam, 15, 16, 17
legislação trabalhista, 16
Lei Antiterrorismo, 139
Lei da Rendição Militar, 71
Leonardo Sakamoto, 60
LGBT, 138, 170
liberdade, 29, 30, 33, 41, 44, 47, 60, 72, 80, 82, 83, 88, 103, 105, 106, 108, 109, 110, 115, 120, 124, 129, 133, 136, 138, 143, 144, 146, 151, 160, 165, 166, 169, 170, 171, 173, 175, 180, 181
Life
revista, 81
Londres, 45, 90, 130
Lord Acton, 93
Lua, 54, 81
Ludwig von Mises, 50
Luiza Trajano, 102, 103

M
Madre Teresa de Calcutá, 131
Magalu, 102
Magazine Luiza, 102, 106, 179
Mahatma Gandhi, 102, 154, 158, 162
Mamour Sop Ndiaye, 113
mão-de-obra, 17
Maomé, 132
Mao Tsé Tung, 11, 12
Marcelo Recktenvald, 174
Marcos Lisboa, 65
Margareth Thatcher, 53
Maria, 109
marketing, 103, 114
Martin Luther King Jr., 99, 111, 155, 176
Matal v. Tam, 108
Mattel, 102
Max Ehrmann, 162
McDonald's, 7, 45, 46, 90, 91
Medicina Legal, 195
meritocracia, 103, 183, 184, 185, 187, 189, 190, 191, 192, 193, 195, 196, 197, 198, 199, 200, 201, 202, 203, 204, 205, 206
meritocracia de acesso, 103
meritocracia de exercício, 103
Michael Sandel, 146
Millôr Fernandes, 43
Milton Friedman, 29
Ministério dos Direitos Humanos, 139, 140, 141
Ministério do Trabalho, 42
Ministério Público, 173, 214
Ministério Público Federal, 123
Ministra Cármen Lúcia, 124
Ministra Damares Alves, 140
Ministro Alexandre de Moraes, 108
Ministro Celso de Mello, 107
Ministro Edson Fachin, 145, 147
monopólio, 31, 40, 119, 120, 137

ÍNDICE REMISSIVO

Morgan Freeman, 99, 118, 119
motoristas de Uber, 138

N
Naomi Klein, 89
NASA, 81
Nashville, 77
Natal, 67, 68, 69
Nature, 83
navios negreiros, 109
nazistas, 172
Ndeye Fatou Ndiaye, 113
Neil Ferguson, 71, 72
Nelson Mandela, 99, 115
neopentecostais, 174
New Deal, 6, 73, 74, 75
Nilômetro, 37, 38
NIRA, 74
Nossa Senhora, 129, 166
Nossa Senhora de Aparecida, 129
Not One Penny, 60
Nova York, 39, 40

O
Obama, 30, 54
Oberkommando der Wehrmacht, 71
Oliveira Silveira, 118
OMS, 210
ONU, 63
Open Data Institute, 90
Open Democracy, 61
Open Society, 59, 60
Open Society Foundations, 60
Ordem Executiva, 53
Oscar, 93
OSCIP, 101

P
palmitagem, 109
pandemia, 30, 43, 44, 51, 63, 64, 68, 71, 211, 212, 213, 214
Pará, 25, 27
parlamentar, 109
parques eólicos, 90
parques e recreação, 32

parques solares, 90
Partido Comunista Chinês, 12, 13
Pelé, 59, 95
Pensilvânia, 47
Petrobrás, 43
Pinconning, 45
pirâmides, 38
planejamento econômico, 31
plataformas de streaming, 43
pobreza
    conceito, 72
Poder Judiciário, 79, 141, 180
Poder Legislativo, 80, 146
Polícia Civil, 140, 141
Polícia Federal, 141, 179
Polônia, 67
Porta dos Fundos, 109, 143, 165
Porto Alegre, 118
Praça Tiananmen, 12
Prêmio Nobel, 28, 74, 131, 174
Presidente da República, 173
Primeira Emenda
Constituição Americana, 108
Procurador do Trabalho, 203
propriedade privada, 11, 13, 176, 213
Protestantismo, 130
Provérbios, 77, 79, 99, 151

Q
Quilombo dos Palmares, 117

R
racistas, 104, 111, 112, 113, 114, 142
Raymond Moley, 74
Recode, 30
recursos humanos, 32
Reino Hachemita, 34
responsabilidade individual, 13
Revolução Francesa, 180
Rexford Tugwell, 74
Richard Dawkins, 131
Rio de Janeiro, 37, 103, 113, 124, 136, 140, 170, 195

Rio Nilo, 37
Robin Hanson, 95
Rodrigo Pacheco, 211
Rolando Valcir Spanholo, 212
Ronald Reagan, 39
Ron DeSantis, 39
Rubens Teixeira, 174
ruralista, 146
Rússia, 53

S
Sandy Springs, 32
Santa Casa de Santos, 174
Santo Agostinho, 37
Santos, 27, 174
São Jorge, 132
São Paulo, 4, 15, 17, 27, 102, 127
Segunda Guerra Mundial, 71
Seminoles, 85, 86
Senegal, 113
Serasa, 63
Sergio Moro, 106
sexismo, 176
sindicalista, 146, 172
sindicato, 16
sistema econômico, 13
sítios arqueológicos, 38
Smoot-Hawley, 74
Sociedade Mont Pèlerin, 60
Somália, 87
SpaceX, 53, 54
Starbucks, 46
Stephen G. Tallentyre, 179
STF, 80, 124, 147, 165, 185, 197, 204
Stuart Case, 74
Suprema Corte do Quênia, 80
Suprema Corte dos EUA, 75, 80, 108
Supremo Tribunal Federal, 146

T
taxa de mortalidade, 11
taxa de natalidade, 11
taxistas, 138
Tel Aviv, 15, 17
teofobia, 176

terrorismo, 139, 140, 141, 142, 143
Theo van Gogh, 87
Thomas Jefferson, 33, 79
Thomas Paine, 41
Thomas Sowell, 21, 31
Tinder, 94
Tom Forth, 90
traficantes, 136, 137, 139, 140, 170
transporte, 27, 32, 54
Tribunais de Contas, 214

U
umbanda, 137, 138, 142, 171, 186
União Europeia, 66
Universidade Federal da Fronteira Sul, 174
URSS, 74

V
Vale, 43, 177
Varig, 201
vikings, 166
Voltaire, 45, 179

W
Wagner Act, 74
Wall Street Journal, 45
Warner Bros, 43
WhatsApp, 113
Wigilia, 67
William Anders, 81
William Carey, 150
William Penn, 47
Winston Churchill, 65, 68, 71

X
Xangai, 27
Xiaogang, 11, 12, 13

Y
Yan Hongchang, 11, 12, 13

Z
Zacarias, 137
Zaqueu, 150
Zumbi dos Palmares, 117

Acompanhe a LVM Editora nas Redes Sociais

https://www.facebook.com/LVMeditora/

https://www.instagram.com/lvmeditora/

Esta obra foi composta pela Spress em
Baskerville (texto) e Elephant (título) e impressa em Pólen 80g.
pela Rettec Gráfica e Editora para a LVM em janeiro de 2022.